实战催收私房课

（第二辑）

楼克佳 ◎ 著

中国财经出版传媒集团
中国财政经济出版社

图书在版编目（CIP）数据

实战催收私房课．第二辑／楼克佳著．--北京：中国财政经济出版社，2022.7

ISBN 978-7-5223-1541-6

Ⅰ.①实…　Ⅱ.①楼…　Ⅲ.①企业管理-应收账款-财务管理　Ⅳ.①F275

中国版本图书馆 CIP 数据核字（2022）第 117238 号

责任编辑：郁东敏　　责任校对：胡永立
封面设计：陈宇琰　　责任印制：刘春年

实战催收私房课（第二辑）
SHIZHAN CUISHOU SIFANGKE（DIERJI）

中国财政经济出版社 出版
URL：http：//www.cfeph.cn
E-mail：cfeph@cfeph.cn

社址：北京市海淀区阜成路甲 28 号　邮政编码：100142
营销中心电话：010-88191522
天猫网店：中国财政经济出版社旗舰店
网址：https：//zgczjjcbs.tmall.com
北京时捷印刷有限公司印刷　各地新华书店经销
成品尺寸：170mm×240mm　16 开　18.5 印张　185 000 字
2022 年 7 月第 1 版　2022 年 7 月北京第 1 次印刷
定价：58.00 元
ISBN 978-7-5223-1541-6
（图书出现印装问题，本社负责调换，电话：010-88190548）
本社质量投诉电话：010-88190744
打击盗版举报热线：010-88191661　QQ：2242791300

2022年3月5—6日，为期2天12小时《企业欠款回收与风险防控训练营》在南京顺利完成

2021年9月23日，时隔4年再次为湖南省小贷协会提供“风控+催收”培训课

2021年7月20日，为衢州农商行优秀青年干部培训班提供“风控+催收”培训课

2021年6月19日，受邀参加2021个人不良贷款处置乌镇峰会
担任“催收处置比拼”圆桌论坛主持人

2020年11月24日，受厦门金融协会邀请为当地信贷公司提供
“民法典+实战催收技巧”培训并担任金融协会风控特邀顾问

2020年9月24—25日，为全国担保公司做行业资讯分享+民法典解读+信贷风控+逾期催收四大板块陆续讲解

2019年12月20—21日，为山西省投资集团下属
各个子公司做了两天的“风控+催收”培训课

2019年12月15—18号，上海浦发银行电催培训顺利完成一共600多人，分四次培训

2019年9月25日，为河南省小微金融机构提供“实战催收技巧”培训

2019年6月20日，深圳某互联网金融科技公司内训顺利完成与电催部门的催收员分享了各类催收知识

2018年11月8日，受邀参加贷后风险管理和资产处置峰会，发表关于“调整催收策略以前现在今后发展”的建议

2018年1月19—21日，以“创新金融科技信贷风控管理”为主题的迎新峰会于北京顺利举办

荣誉证书

上海金逸商务咨询有限公司
楼克佳同志：
在“全国小贷公司行业突出贡献者”推介活动中，获评：
全国小贷公司行业突出贡献者
特颁此证，以资鼓励。
中国小额贷款公司协会
二〇一七年十一月

2017全年，上海金逸累计为全国主要城市的小贷协会及公司提供了数十场“风控+催收”的专题培训，中贷协授予楼克佳“全国小贷公司行业突出贡献者”荣誉称号

2017年11月27—28日，“2018：预测与战略”财经年会在北京隆重举行，上海金逸商务创始人总经理楼克佳受邀参加本届财经年会并分享上海金逸在账款管理领域获得的成就

2017年11月4—5日，上海浦东国际金融学会联合上海市信用服务行业协会共同展开了“第二期互联网金融征信培训”楼克佳作为特邀讲师出席了此次培训

2017年10月31日，河南省金融局牵头举办的“不良资产清收处置暨金融扶贫业务专题培训班”楼克佳受邀进行了风险控制及催收技巧方面的培训

2017年7月28日，由中国融资担保业协会主办“全国融资担保公司风险资产管理专题培训”在银川成功举办，楼克佳受邀讲解实战催收技巧

2017年6月27日，由上海信用服务行业协会推荐楼克佳为上海师范大学商学院信用管理专业的学生授课

前　言

上海金逸商务咨询有限公司专注应收账款催收20年，探索出了一整套有效、快捷的催收运营模式，服务区域遍布全国，国际服务区域遍及100多个国家及地区。

公司创业以来，先后加入美国ACA商账协会、中国小额贷款公司协会、中国融资担保业协会、上海工商联合会、上海市信用服务行业协会等，也是全国众多小额贷款、担保、租赁、银行业、商业保理协会指定服务机构。

在过去二十年的工作中，我们遇到的大大小小案件有成百上千起，积累了丰富的行业经验，本书则是这么多年来的一些经验总结与成果分享。

2022年7月

目　录

第一篇　理论篇

第二篇　实践篇

第三篇　问与答

第四篇　重点提示

第一篇

理论篇

风控和催收的技巧

第一讲
坏账原因剖析

风控做不好，贷后忙催收；

催收不专业，债主两行泪。

风险控制是指风险管理者采取各种措施和方法，提前消灭或减少风险事件发生的各种可能性，或减少风险控制者在风险事件发生时造成的损失。

款项借出去之后，总会有些事情是不能控制的，风险也与之并存。作为债权人会采取各种措施减少风险事件发生的可能性，或者把可能的损失控制在一定的范围内，尽可能避免在风险事件发生时带来难以承担的损失。风控做好了，事后不去催收，自然也会还款，因为贷款不还的各种可能性被消灭了或减少了。但如果风控做得不好，事后就要忙着催收，一旦催收再不专业，债权人就会面临遭受巨大损失的风险。

一、事前：信用风险评估工作没有做好，风控把关不严

钱借给了不该借的客户，而客户后续根本没有还款能力，这就引出一个关键的环节——信用风险评估，即对客户的实际经营状况展开的调查。那些信用状况良好、资金来源充足、运营状况良好的顾客，其放贷风险较小；而隐性负债较多、资信状况较差、缺乏资金来源甚至"债台高筑"的顾客，对其放贷风险就会很大，甚至会面临收不回来的风险。

对客户的信用风险评估工作中，对客户资信的调查是关键。通常合作之前，需要了解客户是否具备可靠的资金来源以及是否有还款能力，如在不知情的情况下与其交易，只会导致最终账款难以收回。

[例 1-1] 浙江某地，一家小贷公司居然以信用贷款的方式借给某债务人 120 万元。这公司在放出贷款时，连一般的面谈都没有，对债务人的基本情况没有一点了解。债务人是一位农民工兄弟，120 万元对于他来讲是个巨大的数字。没有对债务人的基本了解等于没有风控，小贷公司也没有基本的风险意识。实际上，这家小贷公司的坏账确实也很多，很大一部分原因就是没有风控意识，风控措施自然也没做好，放款很随意。

［例 1－2］施某于 2014 年 7 月开始从事 P2P 业务，当时上海的大街小巷到处都是“当天财富”“金鹿财行”等门店。施某为了提高知名度，大搞“慈善”，还赞助某卫视春晚。对外宣传称公司募集的资金主要用于小贷公司的债权投资和电影投资。在短短一年半的时间内募集了约 150 亿元。2016 年初，东窗事发，施某逃到国外，至今未归，钱也一分未还。2019 年 8 月，当地法院对施某的公司进行了终审判决，其公司 2 名高管被判无期徒刑，还有 10 名高管被判 10～15 年有期徒刑。

［例 1－3］某咖啡品牌涉嫌约 22 亿元的财务造假，消息发出当天公司股价下跌 75%，市值损失约 350 亿元。其财务造假信息源于做空机构浑水公司发出的调查报告。报告基于从该咖啡品牌 2 000 多家门店收集的 2.58 万张电子小票以及 11 260 个小时的门店流量监控视频。经分析发现该咖啡品牌 2019 年第三季度的销售业绩夸大了 69%，第四季度夸大了 88%。例如，账上体现的 100 元销售实际收款只有 12 元。

该做空机构委派调查公司动用了 92 名全职员工、1 418 名兼职调查员，调查样本时间覆盖了该品牌咖啡实体店全部营业时间，工作日早、中、晚，周末和节假日都去实地蹲点，并探访了 980 家门店，获取了 2.5 万张小票记录。

该做空机构信息采集的手段与过程既真实又原始，因为现场或蹲守查实该品牌咖啡到底有没有盈利能力，到底有多少真实的消费量是最简单直接而有效的方式。

所以，在做实际风控和催收工作时，要与客户一再强调资信调查的重要性。很多情况一定要上门去调查，耳听为虚，眼见为实，客户目前经营的生意状况如何只有实地调查以后才能知道。

二、事后：逾期后没有“及时、有效”催收，错失最佳催收时期

（一）及时催收——等待是收不回欠款的

钱总是等着等着就没有了。俗话说“看病要及时”，一个人身体出现了病症，肯定是要早发现早治疗。就好比癌症早期，治愈的概率是80%左右；到了中期，康复的概率下降至40%；而到了晚期即使再精湛的医术恐怕也回天无术。逾期坏账的催收也是如此，当一笔100万元的坏账发生时，3个月之内能催收回80万~90万元；3~6个月之间催收可能收回50万~60万元；等到一两年以后再去催收，款项收回的机会就寥寥无几了，甚至会出现一分钱也收不回来的状况。

（二）有效催收——根据实际的情况，选择最有效的方法催收

就像医生看病，“对症下药”很重要，心脏病有心脏病的治法，胃病有胃病的治法，需要“对症下药”地治疗。在外行人眼中，催收无非就是“二打”：要么“打架”，要么“打官司”。而在实际操作中，有很多催收方法可供选择，如何运用和选取最有效的催收方

法尤为重要。

5 万元、50 万元、500 万元、5 000 万元等不同账款的催收方式是不一样的，对农户、白领、个体户、企业家、恶意赖账者的催收方式也是不同的，要因地制宜，因人而异，因时而变。

第二讲
社会信用面临的危机、成因及建设

一、社会信用不佳的突出表现

（一）三角债

企业之间存在三角债，导致贷款拖欠现象严重、坏账损失率过高。三角债基本上在各行各业都有。很多债权人去要钱，债务人说的最多一句话就是别人没给我钱，我也没办法给你，第三方欠债务人的钱，导致债务人欠债权人的钱还不上这种情况很多。

互联网上有一篇文章描述了浙江嘉兴桐乡的一个羊毛衫批发市场，市场商户有一段时间流失很严重，原因是外来人员在桐乡做羊毛衫生意不太适应。为什么不适应呢？主要是因为欠不了债，做生意都要欠债，要欠面料的款，要欠工人的工资，如果说欠不到款的话，那基本就做不起来这个生意。

初看到这个文章我就觉得很滑稽，做生意全靠欠债，那不就是想空手套白狼嘛。但这不是重点，重点是对账期或账龄的管理。没有对账龄、账期、资金流通的管控，必然会出现风险，而且大家都是一个生态链条上的节点，也就是一根绳上的蚂蚱，任意一点出现问题，会影响整个供应链的正常运转，最终一着不慎，满盘皆输。

（二）企业应收账款结构不合理

企业应收账款总量过大，坏账损失率过高，也与企业应收账款的结构不合理脱离不了关系。很多中小贷款企业为了扩大销售，让业绩好看，注重或一味追求先进行合作，先把生意做起来，而不管后面的尾款是不是收得到。眼光仅关注先付的定金，而罔顾后面的尾款如何结算。

有一次看到一个小黄车债权人维权的视频，一家小黄车供应商说，自己的自行车产量80%都供给小黄车了（见图2－1）。采访人问："小黄车说什么时候给你钱？"他说："小黄车说5 000万美元融资融到了以后，就解决我这个供自行车的钱。"这个债权人是否考虑过如果小黄车融不到资金怎么办？产量的80%都押在一个客户那里，风险意识到哪里去了？结果大家都知道，没过多久小黄车就上了失信名单，他们没有什么资产，最后这个账款肯定是要不到的。所以，如果抱着急于求成的心态去合作，会导致自己企业亏损的机率大大增加。

图2-1　小黄车

[例2-1] 上海某家小贷公司，2013年8月8日成立，注册资金2亿元，当年9月放出去一笔2 500万元的信用贷款，没有抵押，约定每个月付利息，一年以后还本金。当年9月借出去，当年10月、11月、12月三个月的利息都收到了，到第二年1月的时候利息就停掉了，2月过年也停掉了，3月也停掉了，到4月他们找到我。

我问这家小贷公司的总经理，为什么会把2 500万元借出去？为什么没有抵押就借出去？总经理说当时小贷公司刚开业，着急把钱借出去产生利息从而产生利润。因为有这种急于做生意的心态，不管谁来借都放款，因而评估工作做得不仔细。

我接着问借给了谁？他说借给一个福建人A。我又问："福建哪里人？"他说福建××县的。

福建××县，是中国信誉最差的地方之一。2012年他们在上海都已经借不到钱了，所有银行都把××县的人拉黑了。2012年都预警了，这家小贷公司2013年下半年还借给他们钱，这就是完全不了解信贷市场的情况。我介绍说，就像现在，福建××县包括周边地区，要在上海买房，是贷不了款的。500万元的房屋，首付30%，贷款70%，他们不行的，贷不了的。即使是先付70%贷30%也不行，××县连买房贷款资格都没有。这种信誉情况，还在2013年下半年在没有任何抵押物的情况下就支付信用贷款2 500万元，这就有点明知山有虎偏向虎山行的意思了。

没多久，债务人坏账集中爆发，这钱一分都没要回来。

（三）逃废金融债务的行为屡见不鲜

近年来，逃废金融债务的行为屡见不鲜，并有不断恶化趋势。其实就是“赖账当挣钱。”挣100万元多难，赖100万元容易，很多企业就借了很多钱，但靠自己的能力还不起了，就想方设法赖账，或者骗其他单位或个人的钱。特别是一些P2P机构，没有实际专款专用，轻者涉及非法吸收公众存款罪，重者涉及集资诈骗罪，或者虚构借款人信息等，都属于逃废金融债务的行为。

《民法典》对于逃废金融债务的认定如下：

1. 借款人具有下列行为之一的，便被认定为逃废金融债务行为：

一是拒不履行到期债务且故意拖欠银行到期贷款本息，借款逾期、欠息时间达半年以上的；

二是借款人取得银行贷款或借款到期后，不履行法律、法规规定的借款人义务，拒绝接受贷款人对其生产经营和财务活动进行监督，以提供虚假或隐瞒重要事实的资产负债表、损益表及多头开户形式，隐匿、抽逃、转移资产，终止与债权银行的信用来往，故意躲避收贷收息的行为；

三是借款人违反国家法律和金融法规规定，在未征得债权金融机构同意并落实债务的情况下，借机（包括：实行股份制、股份合作制、兼并、变更法人实体或名称、划小核算单位和分立、重组、合资、合作、出售或转让、租赁、破产、购并等）转移有效资产，使金融债权悬空的行为；

四是企业通过破产等形式出售有效资产，所得资金不依法偿还金融债务；对贷款人已依法取得抵押权的抵押物，未经抵押权人同意而实施出售（转让），导致金融债务悬空的行为。

2. 与借款人具有经济关联关系的企业法人，即关联债务人，如果有下列行为之一，也将被认定为逃废金融债务：

一是为借款人向各银行借款提供担保，但不履行法律规定的担保人义务，拒绝承担连带偿债责任的；

二是借款人以各种形式新成立和经营的企业，只承接原借款人有效资产，不依照国家法规承接原借款人金融债务，拒绝履行偿债责任的；

三是关联债务人拒不履行应承担的相应债务或虽然承诺承担相应债务，但长期拖欠不还，拒绝贷款人依法保全债权、拒绝对其应承担的债务提供有效担保的行为。

企业在与银行来往过程中，如果出现上述任何一种行为，银行业协会将对其进行通告要求其整改直至最后联合制裁，迫使其归还银行贷款本息。

二、社会信用体系不佳的原因分析

（一）信用观念扭曲，信用意识不强

大多数债务人借钱时，可能初心是想借钱做生意，挣钱以后也肯定是想还本金和利息的。但碰上经济状况不好，生意不好做，事与愿违，业务亏损导致还不起了，就会开始想“能不能赖掉这个钱”。借的钱如果不还，亏损就不至于进一步扩大。信誉好一点的人，本金还了，利息不想还；差一点的人，连本带息都不想还。前者还是后者是随着债务人的经济情况变化而变化的，但总体是还款意愿逐渐下降。更有甚者，是初心就不存善意，一开始就想搞诈骗。因此，信用观念扭曲其实分两种情况：一是合作时，借款就是为了诈骗，初心不良；二是观念慢慢转变，由好变坏。

（二）法律体系不健全，执法不严

一般情况下，借钱不还的借贷案件，只是受民事法律的保护。很少有借钱不还构成刑事的案件或归属刑事的案件，债务人所受的压力肯定大于民事案件。现在也出现了很多借款不还涉及刑事案件的案例。最多的是“借款用途不实”。借款用途不实可能构成诈骗罪。如债务人借 100 万元的资金是用于装修的，但最后还不起，债

权人或第三方去核实，这资金根本没有用于装修，就属于借款用途不实，构成犯罪。民事案件最多限制债务人高消费，如不能坐飞机、高铁，纳入失信被执行人名单等，但不会面临牢狱之灾。

［**例 2-2**］债务人某物流公司 A，借了几千万元后仅还了一部分本金，还有 2 000 万元没有还。公司 A 在借钱时，合同上明确写着借款用途是“购油”，即给物流公司供油。结果发现根本没有用于买油，而是用于公司自身其他消费，同时还欠了其他人的债务。果断报案后公安局现已在网上通缉其主要负责人了。

［**例 2-3**］重庆某小贷公司，2015 年时借给债务人 230 万元，后者说用于餐厅装修，结果发现资金到位后没有用于装修，而是用于偿还其他人的债务、用于赌博、用于购买其他的设备，并没有专款专用。后来本案例按诈骗罪判刑，债务人被判 11 年半有期徒刑，罚款 50 万元。

需要注意的是，2015 年“限高令”的出台，是打击老赖前进的一大步，或者说迈出了关键的一大步，这对老赖的打击是非常大的。2015 年初“限高令”出台时，全国约有 350 万人被限制高消费，不能坐飞机、高铁。目前据有关数据统计，约有 1 500 万人被限制高消费。全国除去老弱病残小孩以及不做生意的人以外，这个数据是很高的。“限高令”的出台，促使很多人主动还款，这是司法体系建设很大的进步。

（三）信用体系尚待完善

最近有关部门提出借网贷也要上征信的要求，但是以前网贷是不上征信的。

没有这个限制或约束，就形成了一个误区或者说一个缺失，出现“一女几嫁”现象。张三在某网贷平台上借了5 000元，审核通过，就再借第二个网贷5 000元、第三个网贷5 000元，借了二三十个网贷，欠了20多万元，这个时候就会出现问题，因为随着贷款金额的增加，说明债务人可能存在严重的亏空，最终的债务是承受不了的。有的企业这边借100万元，那边借100万元，一下子借了很多个100万元，实际还款能力是要受到质疑的。

社会统一的信用体系的逐步建立和完善，可以很好地预防和阻止“一女几嫁”现象的发生。特别是最新版的征信报告，时时在更新，而且大额分期消费、大额借贷，在征信报告上都会有显示，这样就能对债务人的债务状况有个大致的了解。

（四）地方保护主义依然存在

地方保护主义，有可能成为欠债不还的温床。

［例2－4］ 山西某钢铁企业A，一共负债100亿元，其中银行占一部分，民间占一部分，供应商占一部分。当初之所以能借到款，是因为企业A是当地的知名企业，倒闭的可能性很小，而且有政府的支持。但最终资不抵债，面临破产。当地政府为了让企业重新生

产和经营，让当地老百姓重新就业，把企业A的所有债务统一打折处理，最后比例是6%。也就是说，欠100万元，还6万元，欠100亿元，只需还6亿元就解决了。

江西某光伏企业，负债280亿元，政府也是用这个模式，统一比例略高于4%，100万元的债务最后就只需要还4万多元。所以当地知名企业需要贷款时，要考虑一定的政治风险。很可能最终打折清偿的比例很低。

当信贷机构一看有政府背书的招商引资企业，在放款时评估的就不是很仔细，或者不评估直接就把钱放出去，也就没能很好地控制风险。在与当地知名企业合作时，应当足够谨慎小心，因为一旦政府对其破产清算实施保护，结果只能是债权人遭受损失，并且这个损失不是10%、20%、30%，很有可能是50%以上的损失。

三、社会信用体系建设之征信信息的变化

信用、征信关系涉及生活的方方面面，因此社会也在广泛宣传诚信（见图2-2）。

随着征信体系的逐渐完善，信用报告对每一个人来说也越来越重要。自2022年5月开始，新的征信报告收录的内容比以前更多了（见图2-3）。

诚信"红名单"会带来什么呢?
您知道诚信"红黑名单"吗?
失信"黑名单"会带来什么呢?
限制出境、购买不动产、乘坐飞机头等舱、列车软卧；
限制政府性资金支持；加强行政监管力度等

图2－2　宣传诚信的标语

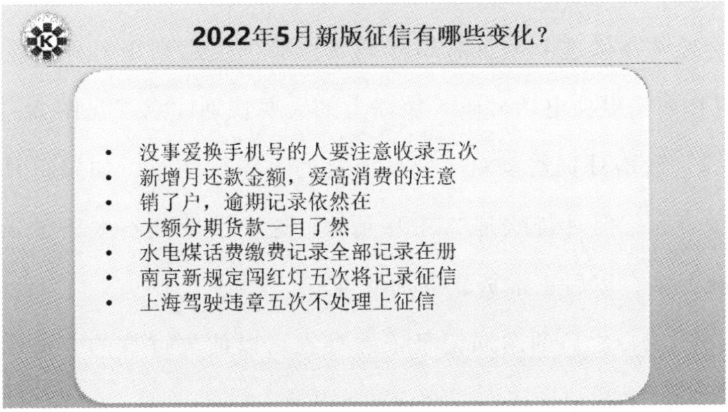
2022年5月新版征信有哪些变化?
没事爱换手机号的人要注意收录五次
新增月还款金额，爱高消费的注意
销了户，逾期记录依然在
大额分期货款一目了然
水电煤话费缴费记录全部记录在册
南京新规定闯红灯五次将记录征信
上海驾驶违章五次不处理上征信

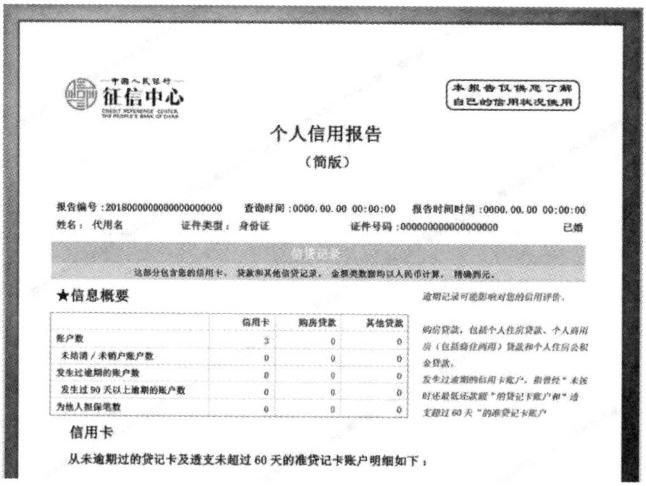
中国人民银行 征信中心
CREDIT REFERENCE CENTER, THE PEOPLE'S BANK OF CHINA

本报告仅供您了解自己的信用状况使用

个人信用报告
（简版）

报告编号 :2018000000000000000000　查询时间 :0000.00.00 00:00:00　报告时间时间 :0000.00.00 00:00:00
姓名： 代用名　证件类型： 身份证　证件号码 :000000000000000000　已婚

信贷记录
这部分包含您的信用卡、贷款和其他信贷记录，金额类数据均以人民币计算，精确到元。

★信息概要

	信用卡	购房贷款	其他贷款
账户数	3	0	0
未结清 / 未销户账户数	0	0	0
发生过逾期的账户数	0	0	0
发生过 90 天以上逾期的账户数	0	0	0
为他人担保笔数	0	0	0

逾期记录可能影响对您的信用评价。

购房贷款，包括个人住房贷款、个人商用房（包括商住两用）贷款和个人住房公积金贷款。
发生过逾期的信用卡账户，指曾经"未按时还最低还款额"的贷记卡账户和"透支超过 60 天"的准贷记卡账户

信用卡

从未逾期过的贷记卡及透支未超过 60 天的准贷记卡账户明细如下：

图 2 - 3　征信报告

（1）爱换手机号码的人要注意了，手机号码也将在报告中显示。一般来说，手机号码不会经常更换。但一些老赖或工作极不稳定的人，会经常在做这个生意时用号码 X，那个生意则用另外一个号码 Y。现在频繁更换电话号码 5 次以上的人要特别注意（见图 2 - 4）。

（2）新增月贷款金额。爱高消费的人需要注意，如果每月工资收入 1 万元，但月贷款是二三万元的，这个消费就不太正常了。挣得少花得多，以后正常贷款审批就难。

（3）消户之后的逾期记录依然存在。以前欠过款的，虽然已经还完了，但欠款记录还在，会保留 5 年。

（4）大额分期贷款一目了然。比如买房屋、汽车这种大额的分期贷款，都是可以查询到的。

（5）闯红灯 5 次就会记录征信。南京在 2020 年 7 月就已经公布实施。

（6）开车违章 5 次不处理的话，就可能会上征信，或者是违章的罚款，15 天之内必须去交纳罚款，如果不交也会上征信。

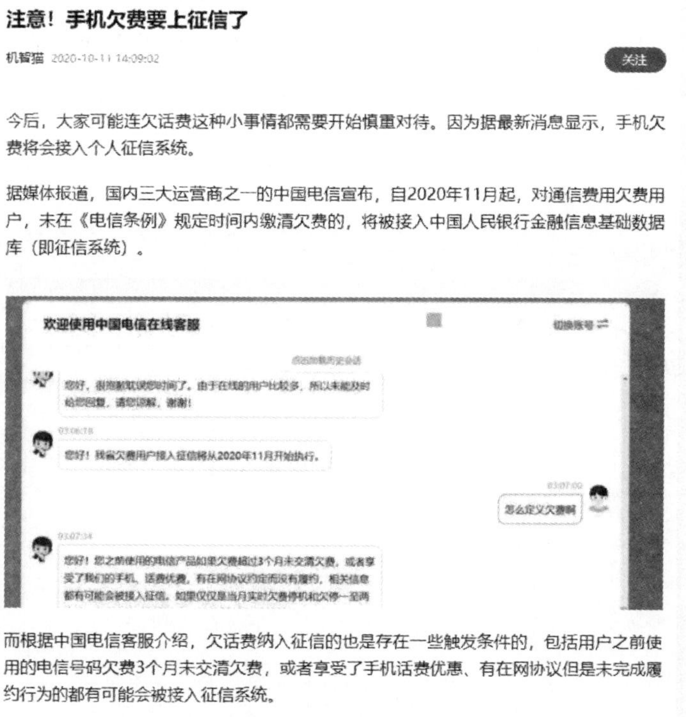

注意！手机欠费要上征信了

机智猫 2020-10-11 14:09:02　关注

今后，大家可能连欠话费这种小事情都需要开始慎重对待。因为据最新消息显示，手机欠费将会接入个人征信系统。

据媒体报道，国内三大运营商之一的中国电信宣布，自2020年11月起，对通信费用欠费用户，未在《电信条例》规定时间内缴清欠费的，将被接入中国人民银行金融信息基础数据库（即征信系统）。

欢迎使用中国电信在线客服

您好，很抱歉耽误您时间了。由于在线的用户比较多，所以未能及时给您回复，请您谅解，谢谢！

您好！我省欠费用户接入征信将从2020年11月开始执行。

怎么定义欠费啊

您好！您之前使用的电信产品如果欠费超过3个月未交清欠费，或者享受了我们的手机、话费优惠，有在网协议约定而没有履约，相关信息都有可能会被接入征信。如果仅仅是当月实时欠费停机和欠停一至两

而根据中国电信客服介绍，欠话费纳入征信的也是存在一些触发条件的，包括用户之前使用的电信号码欠费3个月未交清欠费，或者享受了手机话费优惠、有在网协议但是未完成履约行为的都有可能会被接入征信系统。

图 2－4　欠话费纳入征信系统

部分地区水电煤忘记缴费了，有可能也会上征信。包括企业法人，如果税收未按时上缴，不但要上征信，可能还要上失信黑名单。

现在面试也要看员工的征信。2017 年 6 月，我在上海师范大学

讲课，提醒同学们要在乎自己的征信。那时候网贷盛行，所以既不要超额消费，也不要逾期，因为你们去面试工作的时候，有可能就要面对这个征信的问题。

国外总体的情况是对征信更加严格。如果是征信坏了的话，寸步难行。国外生活大多用信用卡，信用卡会关联到征信报告，征信报告出了问题，信用卡就办不了，也就很难正常工作和生活。

第三讲
应收账款拖欠的原因分析

一、约 2/3 的债务人故意拖欠账款

这 2/3 的债务人不是说不还借款，只是他们习惯于能拖就拖，总想把钱握在自己手上，多一点流动资金，方便自己做生意。由于他们习惯多拖一天是一天，所以遇到这类债务人需要催得紧一点，尽早收回借款的可能性是很大的。但如果不催，“打水漂”的可能性也很大。

二、1/10 的债务人根本没有还款意愿

这 1/10 的债务人来借钱时，根本没有想过还钱的问题，即“借了就是骗了”。更有甚者认为，自己辛辛苦苦借来的钱，不用还！如

果说对前 2/3 的债务人采取催收措施还能将欠款要回来，那么对这 1/10 的债务人，再催都没办法。因为他们在交易时，根本就不打算还款。所以，在放出贷款前，要尽可能区别债务人的类型，特别是要采取有效措施防范第二类债务人，最好避免与其做生意，以降低自身风险。

三、企业缺乏信用风险意识

有些企业往往看过简单资料，或者说是朋友介绍过来的客户，就浏览一下初步资料，不对其资产结构和经营状况作深入探究，草率合作，这样把钱贷出去的风险就很大。

要谨慎对待老客户、老朋友、熟人的借贷生意。为什么？

因为大多数情况下，这些老客户、老朋友、熟人都可以在外围融到资金，一旦借款对象向内部转化，即在外面正规渠道已经借不到钱了，甚至有的人是在外面已经骗不到钱了，他就找熟人借钱，或从亲朋好友那里骗钱，也可以称为是“骗自己人”的钱。

当然，也要理性分析和鉴别这些客户，其借钱的目的以及面临的问题。切记不要碍于面子不去做正常的调查或者正确的判断。很多债权人就是吃朋友、同事和熟人的亏。对于不认识的客户，放出去的贷款，债权人一般都会客观判断，办理正规贷款或借款手续。不管是借出 10 万元、100 万元、1 000 万元，一定签好书面协议或者借条，写明写清还款时间、利息多少等基本信息。到期不还，立刻起诉，但对“自己人”可能就做不到那么“决绝”……

［例 3 -1］ 北方某债权人甲，借给债务人乙 1 000 万元。当时，债权人甲得到消息说，该债务人乙在当地的一家银行即将有一笔银行贷款，马上就要放下来了。放下来后，自己这 1 000 万元就可以收回了。当时，还得到了这家银行行长口头的承诺，他也相信了这个行长的话，就借出了 1 000 万元。但最后，债务人乙在该银行贷款也没有贷下来，而债权人甲则面临借款收不回来的风险。债权人甲要去起诉债务人乙，但债务人乙反告债权人甲是职业放贷人，告甲联合该银行行长一起放高利贷，还写了举报信。真是赔了夫人又折兵。

［例 3 -2］ 张某借给一个小青年 15 万元，这个小青年年龄不大，30 岁左右，在澳洲读过书，留学费用也要几百万元，而且家庭背景也不错，父母都是公职人员。张某觉得不会有问题。但后来把小青年的身份证号码在法院的失信名单里面一查，他已经是失信被执行人了，已欠 89 万元。

在之后催收过程中，小青年的父母主动配合我们，准备卖房还钱。小青年的总外债约二三百万元。

因此，很多债务人因创业而亏本，甚至负债累累，在外面借不到钱才找好朋友、熟人等寻求帮助。所以大家要特别注意这些借贷的行为。把钱借给这种人的话，后面去要起来是很难的。除非是你自己有不想要的心理准备。

（四）信用信息缺乏透明化

债权人拥有的信息有可能仅仅从相关政府资料上获取，对其真实情况及所处行业环境不了解，甚至有可能与债务人的合作仅仅建立在一些年报及简单资料的基础上。缺乏深入了解的合作，日后很可能会引发严重问题。前面提到的案例其实就是表面上看规模很大，但实质的情况不是专业人员，公司内部人员很难分辨清楚。

（五）缺乏强有力的法律约束和良性的信用机制

国家近几年打击“老赖”的力度大大加强，相较之前来说增强3～5倍。十几年前我们刚开始做催收这一行的时候，发生欠钱去法院打官司的基本都胜诉，但执法力度不够，打完官司该欠的钱还欠着，后来逐步完善到可以申请司法拘留。最近几年，最大的力度就是出台“限高令”。

“限高令”规定：个人欠钱不还，不得乘坐飞机、豪华客船、出租车等高档交通工具，不得使用高档通讯工具；不得在宾馆、酒楼、酒吧、歌舞厅、夜总会、桑拿浴室、健身房等高消费场所消费；不得购置高档商品、大额生活用品、汽车及租赁写字楼办公；不得购买、新建、扩建、装修房屋；不得出外旅游、度假及为家庭成员支出大额费用；不得出国出境；不得对外投资（包括开办公司、购买股票债券等）。只能保留按政府规定的最低生活标准的生活费用，其他均属被执行财产范畴。如果被执行人名下有资产的话，法院可以借助互联网平台直接查扣，不像以前程序那么烦琐。

因此，“限高令”的出台对“老赖”的打击是非常大的。2015年初限高了315万人，现在限高近1 500万人。在限高令的约束下，基本上50%的债务人会主动还款。因为不还款的话生意会很难做，不能坐飞机、坐高铁，而且股东也不能做，不能招投标，人身自由方面受到了很大限制。因此，在这一点上我国的法律法规做得还是比较好的，包括拘留手段也比较完善。

以浙江为例，浙江地区的法院比较给力。比如在马路上见到“老赖”，就可以马上打“110”报警，让警察对其进行调查，派出所可以通知法院对“老赖”实施拘留。除此之外，还能对“老赖”进行布控，“老赖”的身份证出现在哪里就可以在哪里把他抓住。最先进的是“人脸识别”，看张学友演唱会不仅能抓到逃犯也能抓到“老赖”。从最终效果来看是比较好的，力度也比较到位。

但每个地区的情况不尽相同，同案件数量多少也有关系。如果某个地区案件很多，法院限于人手、时间、精力等就会做得不是特别仔细、完善；某些地区案件比较少的话，就会严厉打击“老赖”，做得非常仔细，包括有些“老赖”如果是人大代表或者政协委员的，对其全部免职后再进行拘留。因此，法律的约束对债权人来说是一道强有力的保护屏障。每一位债权人都应该学会用法律的约束来保护自己，减少损失。

我国和外国的信用体制存在很大区别。举例来说，我十几年前去欧洲，住酒店退房的时候只需把房卡放到桌子上就可以直接离开，酒店工作人员不会去查房。后来我问工作人员："万一我在里面喝了一罐可乐、一瓶红酒，或者在房间里拿了东西不买单直接走人怎么办？那你们不就损失了吗？"工作人员说："你不敢走的。如果发现有任何物品没买单的话，酒店会把你的信息上传到信用记录里面，如果以后再到欧洲来的话，你根本无法入境。"

一瓶两欧元的矿泉水没有买单这么小的一个细节就能记录在案，更不要说欠款了。一旦在个人信用上有欠款记录，做生意或者面试等都会受到不良影响。有些国家的信用机制很完善，而我国也在不断改进信用机制。如上海地区，有人乘车逃票、借书不还、物业费不交等都会在其信用记录里面。信用机制是一个综合的体系，这方面我们和国外还存在一定差距。如果有比较完善的信用机制的话，不要说欠款了，其他一些小的违规行为也都会对自身信誉产生很大影响。

第四讲

账龄与催收成功率分析

未收回账款的风险大小也取决于账龄的长短。随着账龄的增加，收回应收账款的机会每日渐减。即：拖的时间越长，收回的概率越低（见图4－1、图4－2）。

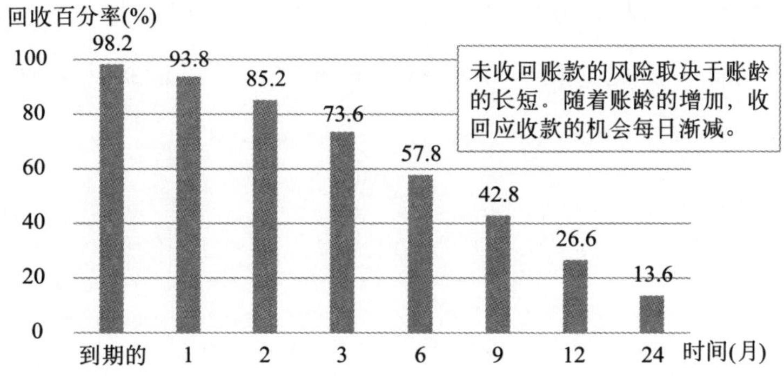

图4－1　国际企业信用状况调查统计图

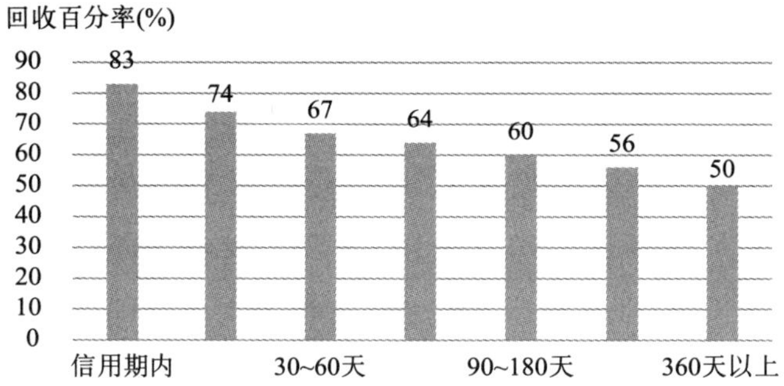

图 4-2　中国企业信用管理现状调查统计数据

从国际企业应收账款回收情况可以看出，到期基本上能收回的占 98%，而两年以上的账款只能收回 13% 左右。但即便是在信用环境比较好的国家，应收账款到期的收回率也未达到 100%。

从我国的信用情况可以看出，我国的应收账款到期时只有 83% 的收回率，相较于国外下降了 15 个百分点，而 1 年以上的收回率只有 50% 左右，情况不容乐观。

应收账款回收百分率和时间呈负相关关系。时间越长，回收的百分率越低。因此，我们一定要及时催收，尽可能提高收回的百分率。

第五讲

国际应收账款管理方式

- 欧美应收账款催收已经有上百年历史
- 欧美公司在合作前会进行信用调查
- 欧美公司账款逾期 2 个月一般就开始催收
- 在诉讼期内通过催收方式搜集法律凭据

欧美的应收账款催收已经有上百年历史。我曾去过大概十几个国家和地区考察过其催收行业。如美国催收行业已经有 100 多年的历史，新加坡、中国香港及中国台湾地区的催收业也都有二三十年的历史，存在的时间相对来说是比较长的。

欧美公司在合作之前都会对客户进行信用调查，不管是贷款还是做生意，都需要通过一个环节——债务人信用调查。做好信用调查是开展业务的基础和前提。欧美公司对仅逾期 2 个月的应收账款和贷款就开始着手进行催收工作，将逾期 2 个月的款项纳入催收体系，然后在诉讼期内通过各种催收方式获取更多的法律凭证。因此，国际上企业应收账款和贷款的催收工作流程是非常完善的。

上百年历史经验的积累、开展业务前的充分信用调查和将逾期两个月的账款纳入催收体系，这些都值得我们借鉴和学习。

金逸公司从2007年开始专注应收账款催收业务，十几年来，业务范围不仅涉及全国各地的债务，也拓展到了海外100多个国家和地区的应收账款催收业务。如一个义乌小商品市场的制造商，供货到国外，但购方没有付账，怎么办？如和外方合作时，其在中国时的欠款没还，后来外方回到自己的国家，如何海外维权等。

［例5-1］新加坡催款：甲在上海开工厂时欠下大笔货款，之后回到新加坡。因为涉及在中国的众多债务而不能再进入中国，黑名单上“榜上有名”。我们去新加坡找到了甲。甲60多岁，在中国做玻璃幕墙，但中国企业没有搞好。他回到新加坡以后还是在做玻璃幕墙，只是产量没有中国这么大。

甲在新加坡的企业正常运营，其家庭情况也不错，在新加坡住的是大别墅，市值大约是3 000万元人民币，属于有还款能力的债务人。之后通过沟通施压，我们和甲达成了一个一年半的分期还款协议。甲总体来说还是蛮好的，基本上说好的每个月的还款时间从来不逾期，陆陆续续把账全结清了。

［例5-2］波兰追款5万美元：某波兰债务人B欠义乌一家做不锈钢餐具的A企业5万美元的货款。A委托我们去波兰收。债务人B起初态度比较强硬，推托说不付款的原因是产品质量有问题。

但实际上是因为B高估了不锈钢餐具这个产品在波兰的市场前景，进口的不锈钢餐具没有卖掉，货品滞销。债务人B借口说货品质量不好，要把货品退回去。这对于债权人A来说肯定是不行的，因为这批不锈钢餐具是贴牌加工的，退回的货品A也没有销售的渠道。初步协商没有效果后，我们委托波兰合作的一家催收机构C，把债务人B欠款的信息、凭证以及催收记录放到了一个公共信息网站。而所有和债务人B合作的企业，都会到这个公共信息网站上浏览。这个公共信息网站就像国内的企查查、天眼查等软件，但记录得更加详细。国内只有发生诉讼以后，相关记录才会上传，但在波兰，只要被债权人催收过，有欠款行为就会在该网站上显示。其他客户如果看到了这个催收信息，就不会再愿意给其供货了。假如债务人B再去中国义乌进货的话就很难了。当我们把这个信息公布后，给债务人B的声誉带来了非常大的影响，他非常着急，要求分期还款，分5个月还这笔钱。还了第一个月以后，债务人B要求把相关信息先删除。如果后期还不还的话，再在该公共信息网站上披露。在欧洲，信用是非常有价值的无形资产，当然另一方面，用信用来施压的效果也非常好。

[例5-3] 中东地区迪拜的催收业务：在迪拜的这个催收业务数额很少，只有1万美元，当时也是抱着试试看的态度。我和迪拜一家机构联系，问他们1万美元的案子是不是可以做，他们表示可以做。当时这个债务人还处于失联的状态，暂时找不到。后来迪拜

的团队最终通过他们的方式和债务人进行了沟通，很快就结清了这个业务。

［例 5－4］中国台湾地区的催收业务：我国台湾地区某债务人张某在上海做生意时欠了 50 万元人民币的尾款，未还就回去了。我们和台北市一家催收机构合作，全权委托。我国台湾地区的催收管理制度不是很严格。催收机构就派人去了债务人张某家里和公司，因为有借条也不吵不闹，警察也不管。次数多了就对债务人的工作和生活造成了一些影响，一个星期以后债务人就妥协了，把钱还了。但这种方法只能在我国台湾地区使用，在大陆或新加坡的话，就不行了。后者催收是有规定的，只能去债务人公司要钱，不能去其家里。如果是去家里要钱的话，罚款也是非常厉害的。

［例 5－5］美国催收业务：在美国催收的案例较多，也有很多成功的案例，这里简单的说一个 20 万美元的催收案例。案例双方以前合作蛮好，只有一笔款是有纠纷的。本来是约定当年 6 月底一批睡衣供货给美国某企业，结果中国供货商晚交了几天货，7 月 5 日才把这批货送到。美国该企业是做服装生意的，这批睡衣是给超市供货的，但 6 月底超市的供货渠道已经暂停了。这也是债权人供货时的疏忽，的确给债务人造成了一些损失。后来我们协调打个折扣，按 7 折结算 14 万美元。美国的催收条文是最详细的，规定有很多。如电话催收只能上午 9 点到下午 5 点催收，其他的时间不能催收。

如果催收中发生辱骂甚至殴打行为，对催收公司的罚款是很厉害的，少则罚3 000美元，多则罚 800 万美元。

［**例 5 - 6**］中国香港地区催收：在 2012 年下半年，我们准备在 Google 上做一个在港澳地区的业务推广，并联系到香港地区的一家传媒公司。这家传媒公司答应承揽我们公司信息在 Google 上的推广和发布，费用要求是 5 000 港元/月，合同要先签 6 个月（至少要做 6 个月），并约定以后付款方式采取“付 3 押 2”的方法，即先付 3 个月再押 2 个月，等于 5 个月的费用全部先付给该传媒公司。我方按约定将 5 个月广告费用支付后开始进行广告推广，但后来做了 3 个月的广告推广发现广告实际效果不是很好，一个业务电话都没有接到。于是不想再继续做后 3 个月的广告，也就没有付费给该传媒公司。

第三个月月底，该传媒公司给我们打电话，除问好外要求我们支付下个月广告费，因为前三个月的广告已经做好了，后面再做广告费用需要另行支付。我们对该传媒公司致歉说，由于广告的效果不好，后面的广告就不打算做了。

该传媒公司的联系人说：“那不行，你跟我们签了合同就是要做 6 个月，你不做怎么行呢？”

我说：“由于效果不好后面广告肯定不想做，就算我违约吧。我不是有两个月押金在你这边嘛。那我这个押金不要了，算我违约，这两个月的押金就当违约金赔给你们好了。等于你们做三个月的广告拿了五个月的钱，还挺划算的。”我觉得我这种做法在内地不会有任何问题，我是很讲信誉的一个人。

该传媒公司的联系人说：“不行啊，合同签订了就必须要做六个月，你得把后面一个月的广告费付给我们。”

后来我跟该传媒公司闹得有点不愉快。本以为该传媒公司收到违约金应该没什么问题，想着以后应该不会再找我。大概一个月之后我在办公室收到了该传媒公司邮寄的欠款催收函，要求我支付所欠的广告费和滞纳金5 000港元。当时看完我觉得该传媒公司还是比较谨慎负责的，5 000港元还发催收函，但也没把这件事放在心上。又过了一个月之后，我又收到了一封同样的催收函，与上次不同的是这次落款写的是某律师事务所，并附上了某律师的联系方式。我看完之后觉得该传媒公司简直太过认真了，除了自己发函催收，还让律师发函进行催收。但我这次依然没把这封催收函放心上。大概又过了一个月之后，香港地区一家催收公司开始给我打电话，要求我支付最后一个月的广告费。我心想：“我做了十几年生意，从来没欠过别人的钱，这是第一次被人家要账。”我很好奇，怎么5 000港元还打电话催收。因为我考察过很多国家及地区的催收业，其催收是非常有条理性的、非常合规的。借着这次打电话的机会正好学习一下。有的时候我会跟该催收公司的联系人争论，质问：“我怎么欠你钱了？我违约金都赔给你了，为什么还打我电话？”这时候对方也不会骂我，只心平气和地讲话。而有时我就对该催收公司的联系人好好说，把事情的原委说清楚，告知对方违约金已经赔付了等。

后来该催收公司基本上每天换不同的人给我打 3 ~5 个电话，一直持续了 1 个多月。之后我觉得很麻烦，考虑到金额不大，我电话问该传媒公司的联系人后面三个月广告是不是都做了，如果已经做了我就支付这最后一个月的广告费。该传媒公司说肯定做了，随后将相关资料发到了我的邮箱，之后我就支付了 5 000 港元。

从这个真实案例可以看出，在我国香港地区 5 000 港元的业务都那么认真谨慎，而内地很多信贷公司，别说是 5 000 元，就是 50 万元、500 万元都不着急催收。该传媒公司对逾期一个月的欠款先自己发函催收，后来又让律师事务所进行催收，最后让催收公司打电话催收。而我们呢？很多公司对逾期 3 个月以内的欠款只采取等待的方式，对逾期 3 ~6 个月的欠款会考虑需不需要去做，对逾期 6 ~9 个月的欠款会寻找合适的催收公司，这样一拖，基本上近一年的时间都浪费掉了。

这是我国大多数信贷公司的基本情况，相较国际上来说确实没有那么完善的流程和良好的规则。国际公司基本上逾期 2 个月就开始催收，我们最早是 3 ~6 个月才去考虑催收，这个观念的差异是非常大的，相应带来的风险也更大，欠款收回的不确定性也会大大增加。

第六讲

应收账款管理方法与技巧

（一）前期——了解客户，预防风险

宁可错失客户，也不要做错客户。做错一个客户，有可能需要做 10 个客户，才能把该客户造成的损失弥补回来。如债权人把钱贷出去，可能想赚取利息，但对方却可能是贪图本金。因此，贷款前期应详细了解和谨慎预防，降低做错客户的概率。那么如何进行了解？如何做好预防？我这里给大家举两个例子。

[例 6-1] 上海某小贷公司，成立于 2013 年，注册资金 2 亿元。在 2013 年 9 月，该公司放出去了一笔 2 500 万元的贷款。因为小贷公司有规定，单笔贷款的金额不能超过 500 万元，所以公司放贷给这个企业的时候，对企业老板个人放款 500 万元，对企业员工放款 500 万元。这个老板的名下有三家公司，每家公司分别放款 500 万元，总额是 2 500 万元，借款期限为 1 年，并且没有任何抵押物，是

纯信用贷款。贷款放出去以后，2013 年 10 月、11 月、12 月，客户按时交付了 3 个月的利息。到了 2014 年的 1 月的时候，利息就停了。该小贷公司也去催这个企业老板，老板说过年了没有钱，找了一些理由，到了 2014 年 2 月、3 月的时候也没有给利息。

2014 年 4 月该小贷公司就打电话给我，问我："麻烦你来我们公司看看这个案子怎么办，客户怎么到现在还没有还利息？"

我去了以后，问："你怎么会借给他钱？你为什么要借给他钱？更何况是 2 500 万元这么大的数字。"

他们回答："小贷公司总是要去盈利的，只有把钱借出去了以后，才能产生利息，产生利息以后，进而才会产生利润。"

由此看来，该小贷公司只是盲目扩大生意，并没有考察客户的情况。有人来借了，就借出去了。

2013 年的时候催收公司找他们要钱都要不到了，这种案子我基本不会去接，更不会去催了，因为该县的人信誉不好没有钱，催不到了。你叫我去要，我是不会去的。如果还要借给他，根本就别指望借款人能还上钱。

实际了解到的情况也是如此，该借款人名下的资产早就被查封了，根本没有钱，所以这一笔肯定是坏账，我也没有办法去催。这个例子就是小贷公司为了做生意，不去了解客户，没有预防风险，导致出现了很大的一笔坏账。公司 1 年也就是百分之十几的利润，注册资金 2 亿元，那这一笔 2 500 万元的坏账，小贷公司等于 1 年业务都白做了。

[例6－2] 一家融资租赁公司的例子。该公司把关比较严，对哪些客户需要放款需做一个前期的初步了解，相对把控一下风险。在2014年底，该公司找到了我，说他们有个客户要借1 300万元，用于购买一台设备，想让我帮忙初步了解一下这个客户的资金状况。客户是夫妻两人，年龄也不大，都是"70后"，在上海新天地有一套房子，那时房价约10万元/平方米。后来我就去了解，他们夫妻的确在上海新天地有一套房，约200平方米，当初市值为2 000万元。这个房子他们是2008年购买的，购买的时候没有银行贷款。2013年初，由于资金紧张，将房子拿到银行做抵押，抵押贷款1 240万元。

3个月之后，经营资金又短缺，他们把房子去典当行当了600万元。因为房产价值2 000万元减掉1 240万元银行的，还有800万元的余值，又去当了600万元。即典当行"二抵"又去拿了600万元。后来又过了3个月，又做了一个组合贷款，又拿到了300万元贷款，变成"三抵"300万元。

我掌握相关资料后分析如下：

第一，这个老板近一年来经营整体形势是走下坡路的，因为这个房子抵了三次。每3个月就抵一次，先1 200万元，然后是600万元，最后是300万元。房子连续抵押，经济状况肯定不容乐观。更何况他们在上海只有一套房，把自己唯一的住房拿出来抵押说明他们的经济肯定出现了非常大的问题。

第二，除了房子之外，这个老板个人名下没有任何的资产。如果说这个房子没有抵押，你把钱借给他，让他签个人连带担保责任，万一出现了问题，马上就可以查封房子。他欠你 1 000 多万元，这个房子价值 2 000 万元，逾期以后，查封他的房子。这样会给他造成很大的压力，也是可行的。

我解释道："但现在就算他不还钱，查封房子有什么用？这房子名义是他的，但实际上不是他的，是银行的，是典当行的，是那个 300 万元债权人的，所以这个钱借出去的话相对来说还是风险很大的。"

前期案例：

2019 年的时候我陪内蒙 A 客户去见一个想借钱的客户，A 客户 40 岁左右，还是当地扶持的知名企业，老板是政协委员。当初提出借 600 万元用三个月，借款用途是购买材料，但我想他在当地那么有名气，银行应该会给他贷款，干嘛要来小贷公司借款，利息要高好多。而且这个债务人特别能说会道，我直觉判断这个人应该是那种一见面感觉你有钱就会找你借钱的人。于是我和客户说你去当地再仔细打听一下，我认为他在当地肯定向民间、朋友借了最少几千万，别人就是看他老实、年轻、会说话才借给他的。现在虽然都没有诉讼，但他借那么多，利息也高，实际企业挣不到那么多利润，最终的结果可想而知。

后来客户打听了一下，果不其然借了几千万，连上班打工的老同学都借 70 万元，一年多时间仅还 20 万元本金，利息从没付过。

现在这个债务人也开始出现债务危机了，还好我客户没有借款，否则催款难度很大。别光看这人老实，老实人骗起人来更厉害。

（二）中期——监督客户，降低风险

中期如何监督目标客户，如何降低风险至关重要。不是说把这笔钱借出去以后就不管不问了。如借给客户 1 年的贷款，每个月就坐等收利息，不管也不进行考察，寄希望于客户到期偿还本金和利息。这样的方法显然是不谨慎的。中期一定要监督客户，看看这个客户的经营状况怎么样，是不是专款专用，发展得如何，同时及时发现问题，相应地采取一些有效措施。

[**例 6－3**] 上海某信贷公司，当初有一个做餐饮的老板要借 90 万元的信誉贷款。借之前这家信贷公司也很认真谨慎，到客户的餐饮店实地考察，发现餐饮店的规模可观，菜品卖相上乘，价格也比较合理。于是就把 90 万元的贷款放给他了，贷款期限为 1 年，利息一个月支付一次。第一个月、第二个月、第三个月，客户都顺利地支付了利息。到第四个月的时候，这个餐饮店的老板又跑过来了，说："我现在餐饮店的规模很好，我外面还要开一个分店，规模再小一点，能不能再借给我 60 万元，凑个整数正好 150 万元，让我把旁边的一个分店给开出来。"信贷公司考虑前面的 3 个月的利息都付了，餐饮店的生意也不错，于是就再借出了 60 万元。

钱借了以后，第一个月的利息付了，到第二个月的时候利息就停了。该信贷公司没有催，再过了一个月利息还是没有付。那这两个月利息一停，肯定是出了什么问题，他们就上门去看了，发现这

家餐饮店已经面目全非。旧员工跑掉了一批，来了一批新员工，很多人在要债。后来得知这个老板做了近20年的餐饮，但是却不精于餐饮管理，外债很多。他在开老餐饮店的时候，外面已经欠了很多债了，可以说是身无分文。这个新店之所以可以开起来，是因为外面赊了很多的账。餐饮店老板仅付了房租款，建造装修什么的都是欠工程款，供货的也是欠款。餐饮店开张以后，不是通过正常的经营来获取盈利，而是想通过卖会员卡将资金回笼。老板盘算：这个店一开，就有很多的人来充值，3 000 元、5 000 元、10 000 元……收到充值的资金时，就可以把之前欠款的钱给还了。

但是没想到店开以后，没有人来充值，只有正常的经营收入，而正常经营收入是不足以偿还外债的。所以新店开张以后，债权人都来要钱了。没有充值，钱还不了，资金链断裂，内部员工离职，外部供应商来追讨欠款，形成恶性循环。

因此总结如下：公司之前的90万元如果是被骗了，那情有可原，是公司没有了解实际情况，没有擦亮眼睛，被债务人的表面现象迷惑了。那这后面续借的60万元，公司实在不应该再被骗了。为什么公司再借60万元的时候，不去店里看一看呢？因为这时候已经是第四个月了，有很多的员工离职，也有很多供应商来讨债。应该再来这个饭店看一看，是不是还和原来的一样？生意好不好？人员流动大不大？有没有开分店？资产结构是否良好？在外所欠债务有没有及时归还？……公司都没有了解，只是坐在办公室里放了60万元出去，悠闲地当起了甩手掌柜了，这就是公司的问题了。

因此在中期的时候，不能不管不问，一定要监督客户，把风险降到最低。

[例6－4] 某客户到信贷公司来借钱，准备开个餐厅，需要借几十万元。客户借钱之前表明情况说：“我之所以要借这个钱开餐厅，主要是因为这个餐厅处于刚建好的工业园区内，免租金，免装修。政府要解决白领午餐问题，对这个工业园区有优惠政策，因此才免费。我还和工业园区有关系，房租装修全免，只要交点水电费就行。”信贷公司想借给他钱，认为客户这个生意比较稳定。钱借出以后，信贷公司就去调查，发现中午生意确实是很好，排队都要排五六十米。后来信贷公司就问客户：“晚上生意怎么办?”客户回答：“我晚上不开的，只负责白领午餐。”信贷公司就想：他晚上做不出的话，双休日肯定也做不出，双休日做不出来的话，那节假日就更做不出了。这样的话，等于一个月他只做22天的午饭，未必能挣到钱，挣的钱连付利息都不够。

后来信贷公司因中期监督工作做得比较仔细，尽快把钱收回来了。本来说是借给客户1年，后来半年就收回来了。这就是中期监督要看实质，表面上他说不要租金、装修很好，实质却是这个生意他做不出来。所以中期一定要去监督客户，观察客户的实际状况，把坏账风险降低。

[**例6－5**] 2014年，甲个人借钱给当地一家知名企业3 000万元用于银行倒贷，后来银行贷款没有放出来，短期借贷变成了长期借款。而且甲个人也催得不紧，到2017年的时候连本带利高达6 000万元。

我问甲："那目前这个债务人是什么态度？准备还款吗？怎么还款？有还款来源吗？"

甲说："这个借款的老总有三个还款来源，只要实现一个就能解决这笔欠款。"

我问："你把这三个来源简要叙述一下，我帮你分析分析，看看是否可行。如果靠谱的话那你就再等等，不靠谱的话那你就要立刻想办法催收。"

甲说了以下三个还款来源：

第一来源：借款人全家2014年在北京亚运村附近买了三套房子，面积600平方米，价值5 000万元。他说这房子应该是没有银行贷款的。之后通过北京中介公司打听到，他们这三套房子在2016年的时候已经拿到典当公司去抵押了，并查到了相关抵押证明。这说明借款人在2016年的时候资金已经很紧张了，不然不会把北京的房子拿到典当公司去抵押借款。而且借出来的3 000万元一分钱都没有归还甲。

第二来源：借款人说他名下企业准备上市，但不是独立上市，而是合并在另一家公司一起上市。但2017年5月宣布上市计划终止。原因是其公司近两年来受天气干旱原因业绩不好，利润从原来

2 000 万元降到 700 万元，所以无法上市。借款人之前和别人签了“对赌协议”，协议保证第 1 年盈利 2 000 万元，第二年盈利 4 000 万元，第三年盈利 6 000 万元，人家才投资了 1 亿元。所以目前这个计划暂时实现不了。

第三来源：借款人在一家房地产公司里占有 30% 的股份，当初投资金额为 8 000 万元。2016 年底一些小股东退股的话都会给翻一倍退股。他说 2017 年最起码也要翻倍退出。但之后我们去了这家公司找到总经理了解了实际情况，结果吓了一跳。该总经理说：“我们绝对不会给他翻倍退股的，他想要 1.6 亿元是不可能的，我们还要把他抓到公安局去呢，最近都在整理资料准备去告他。”了解之后得知：前几年借款人曾担任这个公司的总经理、法人代表，但他不仅没把公司治理好，还挪用资金，给股东造成了巨大损失，后来新的总经理上任以后把公司带入正轨，才能给小股东翻倍退股。他还说最多给他本金退股，但他当时入股这家公司 8 000 万元的资金也是去贷款获得的，同时把 6 000 万元的股份都压给了担保公司，即使按本金退出，多出来的钱也所剩无几了。

综上所述，这三个来源都很不靠谱，于是我们决定立刻开始催收工作。

[例 6-6] 上海有一家做橡胶制品的企业，往年每年销售 6 个亿，供货账款控制在两个月。这几年经济情况不好，有的客户就提出能否延长账期，有的说 3 个月，有的提出 6 个月，甚至一年的都

有，但他坚决不同意。业务停了不做也不能延长账期，如果销售人员要做，那延长账期的几个月时间是要支付利息的，而且今后账款要不到需要销售人员承担责任。之后销售人员核算了一下成本，如果支付账款利息那正常利润就没有了，还要承担责任，还是不做为好。就这样销售从 6 个亿减到了 1 个亿，这 1 个亿的业务还是很好的，大多数是款到发货无任何风险，2018 年、2019 年橡胶行业很不好做。之前那些客户去别家买货，现在都付不出款。我的这个客户很庆幸，还好及时砍掉不良业务，不然再做下去，别人货款不付，自己都要倒闭了。现在做 1 个亿小业务，利润都有保证，稳稳渡过最危险的时期。

［**例 6－7**］2016 年的时候，我客户借给一个债务人 800 万元信用贷款，说好 2016 年 11 月归还，他们也是老朋友，十几年前就有借贷业务。到了 2016 年 11 月时，债务人资金情况不太好，提出利息付，还款缓几个月。这时我客户咨询我的意见，我初步了解后确定，这钱不能拖，必须尽快要回。虽然债务人目前没有诉讼记录，但他的资产都在银行抵押，一旦还不出来立马会面对诸多的联名诉讼后果很严重，你这个是信用贷款，将来起诉也不会拿到资产的。

之后客户和我一起给债务人谈判施压，债务人提出先还本金 400 万元，还有 400 万元利息照付，到 2017 年底归还本金。我当时是不同意的，但客户想挣点利息，同意了。2016 年底到 2017 年底这一年中债务人的资金情况发生了重大问题，之前我说到的银行贷款都还不出，银行开始陆续起诉，债务人夫妻已经上了失信被执行人名单，名下资产准备拍卖。而且他的办公室也从原来的1 000多平方米换到了楼下200多平方米，把原来办公室租出去做酒店，以便增加一点收入。

所以2017年底再去催收的时候债务人已经没有还款能力了，2016年底再逼一逼还800万元没问题的。但客户想挣利息对债务人的真实情况判断不准确，导致亏损200多万元，他收了一年利息一百多万元，失去了最佳的催收400万元的时机，等于亏200多万元。

（三）后期——迅速补救，减少损失

俗话说：快刀斩乱麻。后期催收时能挽回多少就挽回多少。

[例6－8] 2011年底浙江某地区民间高利贷爆发，借100万元一个月的利息就高达8万～10万元。

乙放贷2 300万元，要我帮他把把关，我查完相关资料了解后问乙："你这个客户已经是'晚期患者'了，从这个人手中要到大的钱非常困难，他现在名下有什么可变现的资产吗？比如说房子、车子、存款，只要能马上变现的都行。"

乙："这些都没有，他名下没房子，也没有存款，只有一辆奔驰S600的车。买的时候200多万元，已经开了一年了，卖掉的话，可以卖100多万元。"

乙继续说："这100多万元拿来有什么用呢？欠了2 300万元，这钱连一个零头都不到！"

我："不要管要回来的是一个零头还是什么，也不要顾及面子，能拿到多少是多少。"

后来乙碍于面子，决定再等两个月，看能不能拿到更大的资产（一艘货运大船）。

我："这个船你拿不到的，这个船有部分要还银行的贷款，还有租赁公司的欠款，你不要听他的好话，说什么这个船给你了，你还可以拿个1 000万元。一般情况下这种大额款项，目前为止，你是拿不到的，都是有贷款的，有抵押的，你还是现实一点拿个100多万元，拿个零头也总归比什么都拿不到好。"

乙不愿意，过了两个月又来找我，向我诉苦道："我在老家根本就混不下去了，老家的那些人都来找我要钱，我自己的2 000多万元没有了，现在还有外债5 000万元，我现在连自己吃饭的钱都没有了。"

我："那你把奔驰S600拿过来，100多万元节约一点花的话，也可以用个一两年了。"

乙："奔驰S600早就被别人拿走了！"

综上所述，我们要及时迅速地补救，减少各个方面的损失。

[例6－9] 四川某国有担保公司，给一家做餐饮的企业担保了500万元。餐饮企业老板甲到银行贷款贷了500万元，餐饮企业没有还所欠银行的500万元，担保公司就代偿了500万元。结果变成了餐饮公司欠他们担保公司500万元。后来该担保公司通过法院的判

决执行了餐饮企业老板名下的一套房子，拿回了 180 万元，还差了 320 万元。餐饮公司的法人、老板的老公和女儿都做了个人担保也是欠款人。

后来这家担保公司把这个案子交给了我，我在签订合同之前也去做了一些调查。在当地这是一家高端的餐饮店，当时这个餐饮饭店还在经营。

我分析：如果尽快去催收的话，像挤牙膏一样还可以挤一点。因为他们还在经营，还有收入，多多少少还可以找回一点钱。他们的外债已经比较多了，再拖下去恐怕对我们不利。

该担保公司是国有企业，流程很慢，当委托合同办好时已经过去四个多月了，再去催时，这家餐饮公司老板甲早就已经跑路了。本来是可以直接进入催收流程，那现在变成要进入一个找人的流程，毕竟人都找不到找谁去催收啊！

找人找了大概两年的时间。2016 年的 8 月，我们得到了线索：甲的女儿最近要从四川飞到广西，我们也派人跟随甲的女儿一起去，看看她在广西到底干什么，住在哪里，是不是再开一个饭店，或者是开了一个公司？还有她爸妈在干什么，是不是在柳州二次创业？我们先把她在柳州的情况摸清楚，了解她实际的经营状况和还款能力以后，再决定如何去催收。先去了解一下住址、工作状况，这些都是催收的前期基础性工作。

我们派的人去了以后，正好在机场上碰到了甲的女儿，一路跟机跟过去。我们柳州也有催收的同事，最后甲的女儿下飞机后打车进了一家火锅店，我们也一路跟着。进去以后，我们想这个火锅店会不会是甲开的，就前去把甲的女儿给拦下来了。我给她出示了判决书，并且说明来要钱的目的。

我：“你也是欠款人，你的名字也写在上面。”

甲的女儿说：“这个事我不知道。”

我：“既然你不知道，当初怎么会有你的签字？现在根据法院的判决需要你来还，那既然你不清楚情况，你叫你爸妈过来一起落实一下这个事。”

我们找到甲的女儿的目的也是想让她父母来面对，以前那个餐饮店都是她妈妈在负责所有的事情。

我们问了周围的人：“这个火锅店是不是她开的？”

旁边的服务员说：“这个火锅店不是她开的，她和我们一样，只是在这个火锅店里打工，工资 3 000 多元一个月。”

本来我们以为是她开的这个火锅店，如果她是老板的话，还可能会有 300 多万元的还款能力，但如果她是打工者的话，那怎么还这 300 万元？得知她是打工者，我们的心就凉了一半了，觉得这个钱很难要。后来她打电话给甲，甲不接她的电话。后来又发了微信给她爸，说欠了 300 多万元，人家来催收，结果她爸爸就把她的微信拉黑了。

我：“不管怎么样，你总是要有一个态度吧，尽自己最大的能力，能还多少钱就还多少钱。”后来她当天晚上找好友东拼西凑，也就凑了 3 万元。

对于丧失了还款能力的债务人，催收越拖越难。有可能当初催收动作快一点，在餐饮店还开着的时候，你去催一催，可能还能收到不少回款。因为餐饮店还在，债务人还要顾及这个面子，如果去催收的话可能还要得到几十万元。所以后期一定要迅速补救，减少损失，处理速度一定要快。

我在内蒙古自治区生活的一个客户，借给一个债务人几千万，一直盯得不紧，他想这个老板还是当地知名企业没有问题的，反正一直在联系，隔三差五也见面就忽略了。没想到 2019 年底这个老板因刑事案件被公安局抓了，检察院也批捕了，罪名有好几个，估计最少要判 10 年以上，债务人现在 60 岁，再过 10 年出来，还怎么还钱。天有不测风云，钱还是要提前落袋为安。

第七讲
商业信用调查必备要素

一、借款人背景历史

借款人的主要经营业务范围、成立时间、同行业排名情况及主要竞争对手、目标客户群体情况等一定要详细了解。

二、股东与经营者

借款人股权结构是怎么样的？经营者是谁？股东是谁？有几个股东？实际控制人是谁？和经营者的关系怎么样？

三、财务状况与付款记录

付款是不是按时，有没有逾期的现象，特别是一些基本的费用（如工资、社保金、办公室租金、税收等）支付是否正常等。

四、借款人的销售状况

（1）查实借款人的开票记录。开票记录相对能够真实地反映其销售状况。企业自称销售收入达到5 000万元，有可能包括未开票的应收账款，而实际销售额没有达到5 000万元。发票的管理有《中华人民共和国发票管理办法》规范，因此发票实现的销售收入，基本能准确真实地体现企业的实际经营业绩，是比较可靠的。一般来说，借款人如果是开票2 000万元，给他信誉贷款200万元应该没有什么大的问题。如果是逾期以后，每个月去催一催，相对来说问题不大，因为借款人按正常经营情况来测算每月二三百万元进账应该是有的。总体来讲，就是不能看借款人网站上显示是多少，更不能听借款人的一面之词，而是要看实际的开票数额。

（2）看一下债务人的纳税情况，是否按时缴税，以及缴了多少税，这个相对来说更能真实地反映债务的现实情况。

（3）如果是个人借款的话，应注意审核其工资收入。工资收入，包括“五险一金”。比如我在上海工作，上海公司给我“加金”，说明我在公司是比较稳定的，工作时间比较长，这个一直给“加金”的公司开出收入证明相对来说是比较真实的。如果工资收入是1万元，那给他信誉贷款10倍应该是没有问题的。这个前提条件是之前没有外债欠款记录。一旦借款逾期，到债务人公司去，或者到其家里去催收，对债务人的压力会很大，会对借款人信誉造成影响。但如果是在上海工作的外地人，建议放款限额为月工资的5倍。否则，催收的成本也比较大。

（4）要看他的工作年限。如果他在某地工作的年限比较长，说明稳定性较高，借款相对保险一点；如果这个人经常换工作，不是很稳定的，那借款对于工资的倍数就要递减。

五、所属行业情况与公共记录

对借款人所处行业的调查，可以在互联网搜索一下近期相关数据，了解一下其所处行业的公共记录，多查一下行业的整体形势。

六、自行收集信息的方法

这些方法大家学会以后，可以在现实生活中自己去收集和应用（见图7－1），对风控和催收的把控会起到实质性的帮助作用。

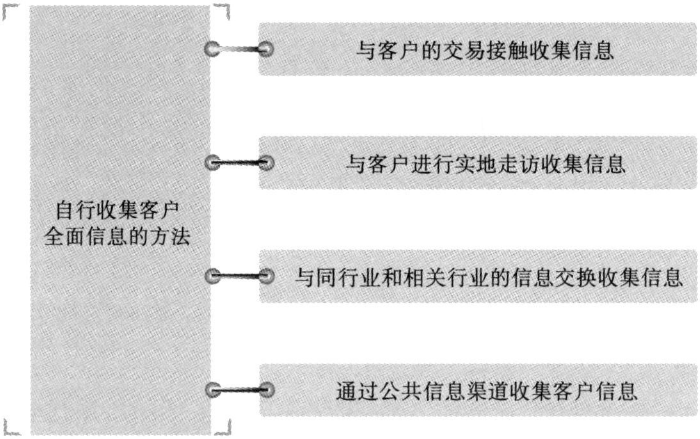

图 7－1　信息收集渠道

（一）与客户接触收集信息

放贷人在放贷之前，都会和客户接触。在接触中了解客户的实际经营状态，包括还款能力和意愿。

［例 7－1］ 某客户甲欠 A 企业 600 万元，我们去甲的公司催收。他们的财务人员 60 多岁了，是一位女性，我叫她于老师。

于老师："小楼啊，我不会骗你的，我已经 60 多岁了，没有必要去骗你，我们老板是什么个性呢？他如果有一个馒头，他不吃，但他会给你吃，所以他只要有钱，肯定会去还的。如果他现在不还的话，那肯定是没有钱。"

"我 60 多岁了，来上海 30 多年了，没有必要骗你。我和老板非亲带故，我是 2007 年通过面试进入这个公司的。现在已经干了好多年了，我不会骗你的。”

我觉得企业里有这么一个人替老板说话，这个老板的人品应该不会太差。

在之后催收过程中，甲说：“你放心，这个星期肯定给你50万元。”

我就随后去问于老师：“你老板到底有没有50万元啊？”

她说：“50万元没有，30万元是肯定有的。”

于老师是做财务的肯定知道真实情况，比起她老板我还是更相信于老师说的话。所以这个案例就是通过和员工的接触了解了公司的真实信息。

[例7－2] 上海某小贷公司，领导心思缜密，做事仔细，每次放贷之前，都会和借款人面聊一下。有一次，一个借款人星期一上午十点约了到小贷公司，说是借100万元的信誉贷款。去了以后他们就觉得这个借款人怎么精神状态不是很好，因为约谈的时间在周一上午，这时候已经休息了一个周末，这个人的精神状况应该是比较好的，不像周五可能会累一点。于是这个小贷公司的领导就让她的驾驶员A和借款人的驾驶员B闲聊，看看他的状况怎么样。

A问B：“你们老板怎么样，最近经济状况不好，手头紧，来我们公司借钱？”

B说：“大概是有一点问题，但是问题不会很大的。我们老板应该是有钱的。”

A：“那你们老板除了工作，还有什么兴趣爱好吗？”

驾驶员 B 说：“我们老板工作是工作，爱好是爱好。平时的话，周末也要去澳门赌赌的。”

这种情况很有可能是他周末在赌博输钱了，周一来借钱，一句话闲聊就发现了问题。赌博的人，能借给他钱吗？

（二）实地走访收集信息

走访可以看到一些实质的问题，特别是和借款人的员工接触以后，可以了解一些实际性问题。

上海有一个老客户，有一天去他公司，他提到有一个债务人欠他 500 万元，都拖了几个月。过了几天我正好开车路过这个债务人的公司，就顺带想把车停在他们园区里，再观察一下这个公司的情况，当我把车开进去时，保安就过来问我收停车费，我说我找蒋总的，一般找老板是不收停车费，还要给我选一个好的位置停。但这保安态度很凶，说找老板也要收停车费。我倒不是在乎停车费，一看他这个态度，我立刻说你们老板欠我们公司 500 万元，还收什么停车费，保安说老板还欠我们三个月工资呢，必须付停车费。我一听吓一跳，哪个企业欠保安工资，那他还有还 500 万元的能力吗？我们的债权人早就应该行动了，而不是听老板一面之词。

因此很多情况我们必须眼见为实。

（三）通过与同行业和相关行业进行信息交换以收集信息

隔行如隔山，同行业的信息是最透明最准确的。

[例 7 – 3] 某房地产的老板向我公司客户借款 5 000 万元。我们去催收后发现，表面上看这个房地产老板非常有钱。因为房屋全部都造起来了，人家说这个楼盘他可以赚 2 亿元，但是实际的状况却是他没有运作好，银行贷款有 1 亿元，外面的民间借贷很多，利息也很高。在房地产最高峰的时候没有把房屋卖掉，每个月的利息要付五六百万元。当想卖的时候，楼市的最高峰已经过去了，房屋又卖不动了。最后本金偿付过以后，利息再还一点的话，其实就赚不到多少钱了。外行的人都说他有钱，实际进入催收程序的时候会发现他有很多的问题，外行人不一定清楚真实情况。

[例 7 – 4] 在上海有一个客户让我帮他催一个 200 多万元的债务。我问他是做什么生意的，他说他是做钢贸的。

我："上海有很多钢贸客户我们都是比较熟悉的，你最近在和谁做生意?"

他："我最近在和刘某某谈生意。"

我："刘某某在上海是某某钢材城的老板，欠我们的客户 2 000 多万元没有还，是老的圈子骗不到了，就到新的圈子来骗，你就是属于他的新圈子。他和别人说自己存款有 1 亿元，其实是根本没有。这个人欠了多少钱，住在哪里，家庭情况我都可以告诉你，我也可以现在就打电话给你听一下这个人的状况。”

他听完以后，说：“还好从你这里得到了消息，不然我还在和他做生意，时间也浪费了，钱也被他骗了，那就太不划算了。”

之后这个事过了大半年，刘某某就被抓起来了。

因此，一些同行业的信息最真实，如果你不了解客户、不了解其所处行业的话，贸然把钱借出去，风险会大大增加。

［例 7－5］ 上海某投资公司，名下有一家小贷公司、一家担保公司，这两家公司在上海小贷、担保同行业中算是规模比较大的。对外号称放出去的借款无一项坏账。2014 年他们刚开始涉及 P2P，到 2016 初从老百姓那里已经融资到 150 亿元，理由是全部用于小贷、担保公司的债权。实际我们内行人都很清楚，小贷、担保公司哪会有那么多业务，最多十几个亿。老百姓不知情，被他们的表面现象蒙惑了，最终钱都被他们老板骗走了。

（四）通过公共信息的渠道收集借款人的信息

公共信息的渠道，就是我们要利用搜索引擎，多查查这些借款人信息，尽可能全面地了解其实际情况，对我们会有很大的帮助。

［例 7－6］ 2014 年 5 月成都某企业 A 打电话给我，说客户甲欠了 8 000 万元。

我让企业 A 先把这个案件资料发给我。

我收到资料后查到的相关信息是：这个借款人甲取得了外国的

国籍以后，大肆行骗，拒不付款。拖欠某公司600多万元了。后者已经起诉，并且查封了甲在国内的四个账户，发现都没有钱。

我把网上所有的资料截图下来给企业A。

我："你看看，600多万元，1年之前债权人就已经在催收了，你们8 000多万元，现在什么都不做?"

企业A："我们已经打官司了。"

我："你这个官司打了也是白打。甲取得了外国国籍以后，大肆骗取产品而拒不付款。而且知道你们不懂中国香港地区的规定，这两个4 000多万元的合同，都是和他在我国香港地区的公司签的。他中国内地四个账户都没有钱，更不要说香港地区的账户了。而且别的债权人已经上门去催收了，你还没有去催，那你肯定是拿不到钱的。"

我继续解释："这个官司打了也是浪费律师费，这个官司的费用最起码要200万元，律师费就100万元，而且要有专业涉外资质的律师才可以打。诉讼费大概是涉案标的的1%～1.5%，这样计算诉讼费最少需要100万元。如果你早一点行动，查找相关资料的话，马上就知道他的信息状况了，也不会造成现在这种局面。"

企业A："是啊，我们行动很慢，到现在才发现，人家那边早就已经启动了。"

[例7－7] 某债务人甲在2008年和2009年欠1 100多万元，我们催收了以后收回了700多万元，还差300多万元没有收回。因为

当时债务人甲在法院的官司还涉及1亿多元，我们催得比较紧，因此他还了我们大部分的钱。后来我就跟甲说："如果你以后没钱的话，这300万元就算了。如果你以后有钱的话，你再继续还，等你翻身了再还，你翻不了身就不还。"

我最后一次见到甲是2012年初，正好在澳门偶遇。我感觉他精神状态不太好，他说这次过来是旅游的，身上就2万元。我发现他以前有个150万元的手表都不戴了，他说没钱，拿到典当行里当掉了。所以鉴于这种情况我也不提300多万元欠款的事了。

我们公司专门有一个调查团队，会在网上搜集一些失联债务人的信息。2014年7月，网上一篇报道有这个债务人的名字。一个房地产项目在对外融资，甲是项目所在公司的总经理。因为该债务人以前本身就是做房地产起家的，也是一个上市公司的股东。如果他真是做这个房地产项目的话，那还这个300万元肯定没有问题。我们在网上收集到这个信息以后，决定马上去找这个债务人。因为以前催收的时候对他这个人的生活规律很了解，他经常去一家酒店喝茶谈事，于是我们就去那里等他。没过几天我们就在酒店见到他。他正好在和朋友喝茶，我走过去后他还主动和我打招呼，问候我，我看他的气色要比前几年的好很多，就说："看来您最近房产项目做得风生水起啊！"这时他很紧张地给我使了一个眼色，让我不要再说了，我估计他是不想让他的那个朋友知道他做房产项目的事。后来过了半小时他把他朋友送走以后就向我主动说明了目前的情况。甲说这个项目他刚开始运作，这块土地是毛地，不是净地，需要先拆迁然后再盖楼，现在处在融资的状态。他还给我看了很多的规划，他说只要钱先融进来了，房屋造起来后就可以还钱了。后来我们就一直跟踪了这个项目，他也陆陆续续地还30万元、50万元，大概1年多的时间就把300万元全还清了。

[例7-8] 债务人张某欠款500万元快10年了，法院判决后一直处理不了，主要是他名下的烂尾楼有很多，集资建房的小业主在里面居住，给法院拍卖带来很大的难度。当时，我们也很少去关注他，想等法院拍卖后总会分配给债权人。2019年10月，我突然在某地方台的新闻节目上看见他。该新闻报道说他的这个烂尾楼项目将重新改造引入投资人打造成石墨烯产业园区。这是一个重大的利好，也说明借款可能将会有转机。于是我第二天就去了他这个烂尾工程处，债务人张某正好也在。他也把现实情况具体说了一下，只要政府同意后续的合作要求，这个产业园区做起来就能解决债务，毕竟他对外总欠款2.5亿元，不是欠这一家的500万元。

之后我也和执行法官联系了一下，将相关情况进行了沟通。法官也认为，债务人的业务能做起来最好，时刻关注具体进展，这是目前阶段唯一的可行性方案。

所以，很多的信息我们可以在网上收集一下，有可能网页第一页第二页没有搜到，但后面几页有关联信息。这些信息（尤其是企业的负面新闻）对催收和实际了解债务人至关重要。

第八讲
巧用信用分析5C理论

通过信用分析5C理论的综合评估可以了解债务人目前实际的还款能力和意愿（见图8－1）。

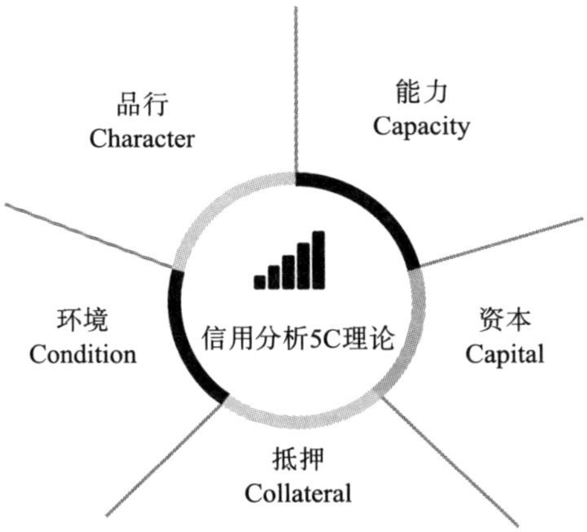

图8－1　信用分析5C理论

一、品行

（一）还款意愿：是主动还是被动，还是从没想还

（1）主动还款。只要我有钱了，我欠你的，不管是欠多少时间，我都会主动联系，主动还。

［**例 8－1**］债务人王某欠账 500 万元，我们去他的公司，了解到他的人品还是不错的。他公司的财务总监张某 60 多岁。张某跟我们说，王某就是有一个馒头，他也会给别人先吃，只要他有钱，不用催就会主动还。我相信了老财务的话，判断王某是有钱会主动还的这一类型。后来王某陆陆续续也还了几百万元，直到他后来再也没有能力偿还为止。但只要他有能力还款，他都会主动联系我们。

（2）被动还款。债务人乙欠债权人甲 100 万元，外面有可能还欠丙、丁几百万元。那么，这个时候谁催得紧，谁给乙施加的压力就越大。所以，债权人要时时刻刻盯紧债务人。这属于被动还。

［**例 8－2**］上海某债务人，欠债已经是十几二十年了，一直欠债，生意也在做。每到还款日，债权人就必须盯紧了去催收。打电话没用，到时间只有坐到他办公室去，或者跟他说要打官司起诉，该债务人像挤牙膏一样，陆陆续续还钱。

有的债务人如果盯得不紧，只是打打电话，他要么不给，要么少给一些。如本来承诺给 50 万元的，现在给 20 万元。再去联系债务人，他又挤牙膏给 5 万元。这种人就是被动还款。很多时候这也

是债务人的一种习惯，债权人不催，债务人就是不会主动还。

（3）根本没想还。债务人来借钱时就是动坏脑筋的，就是来搞诈骗的，就没有想过还。网上现在叫“撸口袋”。这类人声称，自己辛辛苦苦借的钱，还要还吗？其实就是借钱的时候就没有想过要还。

债务人的还款意愿，是会随着环境变化的。有可能债务人三年前人品是不错的。只要他有钱，他就会去还。但是近两年生意做得不好了，经济环境也不好了，挣不到钱了，就有可能想少还一点，甚至是一分钱都不还。所以，债权人不能用三年前的眼光或印象来预测债务人目前的还款意愿。人总是自私的，在利益面前，基本上都是要保证自己生活得好。如果自己饭都吃不上了，怎么会去还这个钱？所以有时就要及时观察债务人以及其家属的情况。

[例 8－3] 债务人张某，其儿子、儿媳妇都是高消费类型，出门都坐头等舱，还有两个孙子，也是名牌穿在身，一年开销约三五百万元。他欠债权人几千万元，但他现在即使有 5 000 万元，他也不想还了，因为他要保证一家人的开销。

[例 8－4] 某债务人欠陈某 500 万元。债权人去催款时，债务人说要么剁手，要么剁脚，基本就是耍无赖，根本不想还。债权人说几年前借给债务人钱时，后者各种保证，结果几年过去了，该还钱了，又叫嚣着剁手剁脚。

[例 8－5] 上海一位 80 多岁的老奶奶在卖油墩子，年纪那么大

了还做这些干嘛。她就是替儿子还债，儿子创业失败房子卖了，还欠 100 多万元，老奶奶就挣钱还债。记者采访她时问她准备干到什么时候，她说干到钱还清为止。2022 年 2 月初老奶奶因病去世。类似这样的债务人家属也是有的。

因此，债务人的态度和意愿都是在变化的，债权人的思维绝对不能停留在几年前，一定要根据现实情况分析债务人的还款态度，然后再制订催收计划。

（二）债务人的人品会随经济状况恶化而恶化

债务人的人品如何直接决定了债权收回来的难度。但大家往往忽略了一点，债务人的人品会随着经济状况恶化而发生变化。债务危机爆发后，债务人人品跟债务危机爆发之前是不一样的。

（1）人之常情是“自保”。

债务人如果以前是借钱做生意，赚了钱一般会很爽快地把利息付了，把本金给还掉。但如果经济状况不好了，做生意赚不到钱，就有可能想少付一点利息，甚至不想还本钱。

特别是那些深陷债务危机的债务人，有可能有好几个债权人，可能只欠你几百万元，但在外面欠了几千万元或几亿元都有。债务人的债务危机爆发以后，首先要保证自己的生活不受影响。如果他在外面欠几亿元，目前手头只有一两千万元，那这钱债务人肯定不想去还债。有的债权人咨询我，说怎么这个人人品变成了这样，以前态度都很好，现在问他要钱，人都找不到了，说话也和以前不一样了，变化很快。其实这是正常的，债务人的人品会随着债务恶化而恶化，这也是债权人要有的一个基本认知。

（2）防止被债务人“反噬”

对于人性，我们要正确面对。不管是职业催收的人还是放出贷款的人，对债务人的变化要有所防范，要有面对最坏情况的准备。

如有一个债务人，之前借的利息很高。债务人当时急着用钱，所以一口接受。但是后来其经营情况不好了，就说债权人要的这个四分息是违法的，是收的“高利贷”“套路贷”，就不打算再还钱了。

还有一个债权人，借出了几千万元，现在去问人家要，债务人反告他高利转贷罪、非法经营罪，还举报债权人偷税漏税，无所不用其极，所以说人心叵测。

（三）分析债务人人品，到底是属于哪一种人很重要

债务人是属于老老实实做生意、有钱就会还的那种，还是专业搞诈骗、有钱也不还的那种人，一定要区分开来，区别对待。

二、能力

（一）债务人还款的能力与来源分析

挣钱还，借钱还，卖资产还，一般情况下就这三种主要的还款来源。

（1）挣钱还债。借钱一般来说是做生意的，做生意挣到钱，还债。很多情况是企业贷款后经营不善只能停产，不经营，不生产，一分钱也挣不到，那肯定是不能还钱，因为挣不到钱。

［**例 8－6**］某木材厂，以前木材加工每年能做 3 000 万元的销售额，利润率为 10%，毛利润额超过 300 万元。现在受环境影响，其销量不断降低，每年的销售收入约 1 500 万元，毛利润就只有 150 万元左右，扣除每月银行贷款、利息、正常开支，基本收支相抵，没有多余收入，仅有的一点利润只能勉强维持基本运营。这种情况下，企业的这些负债，可能就还不了。

还有一种就是，现在生意做得不错，有希望挣钱来还债。

［**例 8－7**］债务人张某是做土建工程项目的，包括土方建筑材料。他有一个新项目一直在进行中。还贷款的合同签了 3 年期的，张某有把握在 2 年之内还清 1 500 万元的贷款，因为这个工程基本上也是 3 年期，按照工程完工进度，慢慢来付款。

［**例 8－8**］某四线城市，之前经营状况不好，但近两年房价上升快，很多年轻人都回县城工作，需要买房，所以经营状况逐渐好转，房屋卖掉后，他也能够用此钱还债。

（2）借钱还债。债务人挣不到钱，到朋友那去借，到银行借，到信贷机构借。

向朋友开过口了，甚至借了以后没有还，那再借就是朋友也不可能帮忙，一次两次有可能，第三次可能就没有朋友会借给你。

现在征信体系非常完善，借钱没还，有诉讼官司，有失信记录名单。别人一看，银行一看，朋友一看，合作伙伴一看，那肯定也不会借给你。基本上债务人有失信记录的话，都借不到钱。还有的债务人已经在当地借了好多好多钱，当地人都知道他，借了十多年，这种情况下当然不能再借给他钱。借钱还债，借得到借不到，能借多少，需要好好评估。

（3）卖资产还债。挣不到钱，借不到钱，那么只有卖资产。重庆某上市公司卖资产卖了3年，弥补亏损。但有的企业有资产，有的企业没有，而且资产能卖多少，也是个问题。有的资产账面价值看似很多，但要变现的话，打折会很厉害。有的企业，原材料木材买进来的价值是七八百万元，最后卖价仅100多万元。包括房产的价值也是，债务人如果急于变现，房产价值就比较低。另外，涉及房产，还有税收的问题。

［例8-9］ 某债务人房产价值约8亿元，其银行贷款有4.5亿元。但债务人的房产都是办公楼，如果要卖出的话，相关税负就约2.5亿元。该债务人当时买楼时便宜，现在增值很高，税也交得多。特别是办公楼都是整层的，市场需求相对来说不是刚需，销售实现需要时间，有可能1年，也有可能2年。所以说资产是否有，能卖多少，需要多少时间能卖得掉，都需要综合考虑。

［例8-10］ 我国台湾地区有一家企业A，欠上海某企业B 5 000万元。首先，我就问他："你这个企业现在挣得到钱吗？每个月有多

少的销售额?”他说:“现在没有销售额，只不过在开拓业务渠道。”这个企业从0到1元还没有完成，那从1元到100万元还有很遥远的距离，目前企业连基本的订单都没有，怎么去挣钱，承诺2年还5 000万元如何实现。第二，我问他:“你借得到钱吗?”他说，在台湾借不到，台湾信贷很严格，所以他跑到上海来借了5 000万元。最后，只能卖抵押物，就是那些牛樟芝的木材。抵押合同上写这些木材价值7 000多万元。结果到台湾去看了才知道，这些原料估计几百万元都卖不了。而且那么大批量的牛樟芝木材没有人全部收购，顶多就是买1吨或2吨。所以最终资产也卖不掉。

(二) 债务人企业的经营状态

有的债务人是目前状态不好，无法经营了，但给他一段时间以后，可能会经营得好。

[**例8-11**] 2015年，客户委托我们催讨欠款400万元。借款公司老板是“80后”，名牌大学毕业后出来创业，之前在扬州投资了一个项目，亏进去了，一直在打官司，几千万元钱僵在那里动不了，导致拖欠400万元。2016年他代理房地产销售项目，由于以前是做代理销售起家的，有销售基础，再加上2016年上半年嘉兴市房产上涨，他代理的楼盘卖得很好，挣了不少钱，就在半年多的时间里把钱都还了。所以有的企业有可能某段时间经营不好，后面好了以后就可以还这个钱了。

还有借款人表面比较好，但是实际经营状态不是很好，迟早有一天是要亏损的，借给他钱的时候，要想好什么时候这个资金要撤出来，什么时候不能给他发货了，不要等借款人倒了以后再去找，那时候就来不及了。

（三）债务人个人的偿债能力

假如企业债务人倒闭，该企业的实际老板或实际控制人，其个人在借款时签订过连带担保责任协议的话，那实际老板或实际控制人就要承担还款责任。这个时候，就要判断分析债务人个人的偿还能力。

［例 8－12］ 上海某培训机构借了 900 多万元，一夜之间倒闭。倒闭以后，这个培训机构再也搞不起来了，这个老板也 60 多岁了，身体状况也不是很好，媒体一报道以后，他很难再继续做生意，所以再追偿欠款就比较困难。

［例 8－13］ 上海某创业投资担保有限公司，专门给上海大学生创业提供担保。只要大学生在学校里拿到高新技术成就奖，大学毕业以后出去做生意，银行就可以给贷款 300 万元，这笔钱由创业公司提供担保。创业者拿了这 300 万元，有的可能创业成功了，有的可能创业失败。如果失败，担保公司就替他们代偿银行欠款，变成这个大学生欠担保公司钱了。他们有十几个案子交给我们做，我们接手以后发现这些大学生债务人还是有还款能力的。第一，债务人文化素质比较高，这些大学生大都是学霸，不然不会在大学里就拿

到高新技术成就奖。第二，债务人都比较年轻，大多都处在28～35岁这个年龄段。我们找到了他们以后，他们说："虽然我现在创业失败了，亏了300万元，但是我还比较年轻，我有技术、有学历、有经验，我出去打工，1年50万元、80万元肯定是赚得到的，我自己用一半，每年可以还三四十万元。5年的话，也可以有个一两百万元，自己的家里再凑一点钱，300万元肯定可以还得起，就是时间长短的问题。如果生意能再做得比较好，或者打工的时候奖金多一点，那就可以还得更快一点。"

所以这类债务人是比较有个人能力的。

[**例8－14**] 我们还碰到了一个债权人甲，十几年前的时候，借给了乙1 300万元，后来乙就失踪了。过了8年以后通过我们的帮助才找到了乙。我们问乙："当初借你的1 300万元，十年以前给你的时候你用到了哪里?"

乙："我们××县的人在上海只要拿着营业执照就可以到银行贷三五百万元，怎么用的我不知道，朋友叫我贷我就贷，人家借给我之后，我也借给了很多朋友，反正钱来得容易去得也容易。现在大多数朋友都失联了，要么是被公安局抓进去了，要么是欠了一屁股的债。"

我们问他现在在干什么，他说："我给老板开车，现在在昆明当司机。"他当天穿的鞋子也是补过的，然后他还当着我们的面给他朋友打电话借钱，他的朋友也没有什么钱，都是一千、两千的借给他，折腾了一个晚上就凑了三万元。他也主动把皮夹里的银行卡给我们查余额，结果里面也没钱。

所以，把钱借给债务人的时候，也要看其还款能力。第一，年龄35～55岁的，相对来说还款能力比较强。年龄太大的话，万一身体不好，精力不充沛，难以还款。第二，女性比男性更守信誉。第三，文化程度高的比文化程度低的更守信用。第四，在行业内工作时间年限长的比年限低的更靠谱。

把钱借给做生意的客户，肯定优先选择在本行业从业年限比较长的债务人，他能控制好自身的风险。如果把钱借给一个刚刚入门做生意的债务人，可能他自己对这个行业还摸不透，借钱盲目投资的话就会产生风险。所以说借款人的行业经验很重要。

除此之外还有家庭情况也要了解。比如说家庭成员是否知道他借款。很多小企业都是夫妻店，老婆做财务的话会比较清楚这钱是否需要借。通常家人知道借款相对来说更好，所以有时候签订协议也要告知家人，最好是让家人做担保，这是比较保险的做法！

（1）判断债务人是否能按时还款。

比如借100万元，说好了月底还，但有的债务人月底一下子拿不出100万元，那先还80万元，余额20万元过三五天以后再还。偶尔有一两次逾期，说明这些债务人相对来说品质还是比较好的。但有的债务人经常违约，比如每个月月底要付10万元的利息，总是拖，从月初拖到10日，再拖到15日。如果是经常性拖欠，那肯定要加大力度催收；偶尔拖欠的话，可以放缓一下。所以这两个逾期是有实际区别的。

（2）到期连利息也付不出来的。

一般来说，利息未按期收回就要立刻催收，因为借出去的钱也不是高利贷，借 100 万元，一个月正常的利息就是一两万元，不算太多。如果连利息也付不出了，那么债务人所欠的本金偿还肯定也会出现很大问题。所以建议，在经济下滑的情况下，利息如果一停止支付，就立刻办理催收。

（3）到期无法偿还债款，连小数额都无法偿还的。

比如，债务人到期要还 100 万元，但到期没有 100 万元，那先还 50 万元，另 50 万元等过一阵子再还。但如果债务人连第一期的 50 万元也还不出，甚至连二三十万元也没有，这时候就要加紧催收了。小额还款都成问题，大额账款怎么会有呢？另外，还要考察一下，是不是拆东墙补西墙，把借张三的钱还给了李四。如果是这样，危险系数就很大。因此，如果账款到期之后，债务人连小数额也无法偿还的话，建议立刻催收，刻不容缓，再等的话，就要出很大的问题。

（4）债务人的特征分析。

我们一般会碰到两种品行的债务人：一种是有钱就一定会还，不管他再苦再难，他觉得欠别人的钱总是不好的，只要在能力范围内的就会去还。还有一种是卷款潜逃，才不管债权人多难。如某 P2P 公司集资 150 亿元，2016 年 3 月老板逃到美国。国内约有 10 万人受骗，很多人都把一辈子的积蓄都投给这个公司了，但公司出事后一分钱都没有还过。公司老板出逃时带走几十亿元，后来又在加拿大结婚了，绝对属于有钱也不会还的人，品行很恶劣，我们要分清楚。

［例 8－15］ 借款人郑某欠客户 1 000 多万元，已经失踪很长时间了。有一次我们在大连一家酒店大堂见到了他，我们就拍了他一下肩膀，他一转身看到我们催收人员和当事人都在，就约一起去房间里坐，他知道我们找他是什么意思。一坐下就开始聊，聊了两个多小时，没有聊还钱，聊他辛酸的创业史。

郑某："我 16 岁就出来骑着自行车打工赚钱，很辛苦。赚了 1 亿元，现在 1 亿元亏了，亏了还不算，外面还欠了 1 亿元。"

"我现在也很难受，觉得对不起帮助自己的朋友，你们来的目的我也知道。就是问我要钱的，但是现在要我还 1 000 多万元，没有这个能力。既然你们来了，我不可能不给你们钱。我在朋友那里有 100 万元备用金，这钱不到万不得已是不会用的，我先打 90 万元给你们，留个 10 万元的差旅费自己用。大概再过十天半个月，再还几十万元给你们。就这些钱了，其他的钱没有了。"

我们听了以后，觉得他说话非常真实，也没有和他讨价还价，因为我们觉得这个人的品性是很好的，不会说假话。我们同意先按照他说的打 90 万元，把卡号给他。我们准备先走，他说你们先不要走，等钱打过来了再走。我说："没有这个必要，你的人品值得信任，不会赖我们钱的，说到就一定能做到。"

本来我们约定五点前汇款的，后来到三点半的时候，他就打了

90 万元过来。过了半个月又打了 30 万元过来，一共还了 120 万元。后来他也没有再还了，再过了两个月就传来了噩耗，他自杀了。他觉得压力很大，认为欠了别人钱日子不好过，就崩溃自杀了。

（5）债务人的周围环境（南北差异，文化、认识差异）。

借出钱时要先了解债务人周围的情况。有一次，一个学生和我说："楼老师我们这里的'老赖'经常在一起吃饭，就是想着怎么对付债权人，把法律、条款、对策研究得比我们还透彻。"十几年前我在某市也遇到过类似问题。该城市十几个区，有基本素质高的区域，也有素质差的。比如上海徐汇、长宁、老静安，相对来说素质好一点，你去他们家里催收，债务人家长还会倒茶请你坐下来好好商谈，都说是他们孩子不好，借钱不还。而有些地区会相对差一点。甚至有些债务人的父母还会和催债的人或债权人打架，叫嚣着谁叫你借钱，自认倒霉吧。但需要指出的是，我这里说的区域差异，只是一个大概率，是对宏观或中观情况的基本了解。

三、资本

资本分为几种，固定资本、流动资本、投资额、借贷资本……那么放贷之前，要先查一下债务人的固定资产有多少？马上能变现的是多少？不能立刻变现的固定资产有多少？就流动资产来说，每个月现金流有多少？正的还是负的？收入多少？产出多少？这个初步可以了解一下。还有对外投资额，投到哪里去了？此外，投资以后效益怎么样？

［例8－16］ 100万元借贷额，每年利息是20万元，有可能他投资的项目，每年根本挣不到20万元，那肯定是会出现问题的。如果投资的项目，每年能挣个三四十万元，那还你20万元利息，他自己还能留10万元、20万元，相对更可靠一点。就像［例6－4］一样，借钱开饭店，声称不要房租，装修都是免费精装修，实际上却是每个月只能做22天的午饭，那一个月挣的钱可能只有几万元，连付利息都不够，所以风险是很大的。但如果晚上能做起来，周末也能做起来，并且业务不止包括盒饭，还承包晚上的圆桌聚餐等，那相对来说运营下去之后还是能挣到不少钱的。

前几年我一个客户借给债务人400万元用于投资上海的韩式洗浴，利息每月3%。洗浴中心开业后生意不错，大概三年时间就回本了，一般来说是一个很好的生意了，但他这400万元是借来的，三年利息要付400多万元，等于没有挣到钱，利润跑不赢利息，现在生意不好了，挣不到钱，别说付利息，本金400万元也不知道怎么还。本来生意好的时候可以把浴场股份卖掉，现在不挣钱，没有人愿意来买。加上这次疫情更加雪上加霜，亏本都处理不了。

所以，一定要关注投资额、投资用途以及借贷资本的效益。到底这个钱用到合适的地方了吗？就像以前房地产，临时性借款，有的人借3分息、5分息都很正常，临时性的，现在哪个房地产公司敢借那么高的利息？大家都不敢，就是这种状况。

四、抵押

（一）抵押物的鉴别与处置

这一部分，我们来聊一下抵押物的鉴别与处置。如车子、房屋、股权、设备、库存等。

（1）房屋做抵押。

一般来说房屋是增值的。但房产也分好坏，也有有价无市的房屋。

［例 8－17］ 2003 年、2004 年时我常帮一些客户处置房地产抵押债务。当时上海市的房屋大概是 100 万元/套。那个时候是房产价格最低的时候，而房屋价值 100 万元，客户借 30 万元，就可以用这个房屋来做抵押。

但 30 万元借给债务人之后，有可能后来去赌博了或者做生意亏损了，债务人就失联了。我们那个时候也找不到他，这个事情一直僵持在那。到了 2009 年，过了五六年以后，债务人主动找到债权人要求还款，为什么？因为 2003 年抵押的房屋，在 2009 年已经价值 300 万元，涨了 200 万元。房屋升值了，就想把这个房屋卖掉还债，而卖房必须先解除房产抵押，否则房屋卖不了，所以他就主动要求还款。债权人要求利息按 60 万元计算，债务人觉得利息高了。但当初债务人不借款，而是把房屋卖掉的话，他的损失其实更大。至少会损失房屋价值上升带来的收益。所以，抵押物增值，也是债务人偿还能力的一种保障。

［**例 8－18**］2009 年客户张某以某地区四亩地面积的别墅做抵押，向债权人借了 1 000 万元。当时借款合同约定的利息是年化 28%，1 000万元的本金年付利息为 280 万元。但张某一直没还钱，对方就起诉了，判决很快生效，执行时遇到了一些阻力。法院要拍卖张某的别墅，连本带息法院计算的金额约 3 800 万元。但那栋别墅地理位置和装修是很好的，价值最起码是 8 000 万元。所以这个别墅抵押给债权人以后，他是比较放心的，毕竟别墅在增值，别墅拍卖以后他作为第一债权人，其权益完全可以得到保障。这个案例中的抵押物也是比较优质的。

［**例 8－19**］某市中心有一栋办公楼，四层楼面，面积 8 000 平方米，现在市值约 3.5 亿元，银行贷款 2 亿元，余值约 1.5 亿元。债权人就二押借给债务人 5 000 万元。债务人不还钱以后，债权人申请执行，拟拍卖这个房屋，因为他觉得房屋市值 3.5 亿元，拍卖以后应该拿得到钱的，但没想到该楼是办公房。办公房和住宅是有区别的，办公房销售的基本税收是增值部分的 50%。该办公楼是 2006 年买的，当时是 8 000 万元，现在市值 3.5 亿元减当初买进价格 8 000万元，增值获利为 2.7 亿元，需缴纳税负 1.35 亿元。房屋销售价 3.5 亿元减税负 1.35 亿元，其实只增值 2.15 亿元。但银行贷款 2 亿元是一押，银行贷款偿还后，该债权人的 5 000 万元应该是拿不到的。所以这个抵押物看似有余值，实际是没有的。

另外，房产所在地也是影响变现程度的重要影响因素。如北上广等一线城市，或者一些二线城市都没问题。但三线城市甚至于五线城市的房屋就难以变现。在各个城市里，那些偏远地区的房屋，相对来说也是比较难处置的。

（2）公司股份做抵押。

上海某租赁公司拿债务人新三板公司的股份做抵押，当初抵押时价值 4 500 万元，公司借出 3 000 万元。但没想到这家公司在新三板的市值下跌得非常厉害，不到 1 年的时间 4 500 万元变成 450 万元，最终只能退市。租赁公司也是一分钱都没拿到，损失巨大。

（3）产品或者设备、库存做抵押。

某债务人欠了 1 000 多万元，他的抵押物是一个足球场那么大的仓库，里面都是木材（见图 8 - 2），这些木材是他买的，购这些木材花了七八百万元。但是去处置时很少人会来买，而且价值极低，最后仅卖了 150 万元。购入人按吨来收购，一车基本上三四万元，能装 8 吨左右，就这样快速处置。

图 8 - 2 变卖价值低的抵押物——木材库存

2005 年某衬衫厂也是类似情况，当初它有 8 万件衬衫，市场上卖得好的时候能卖到 288 元/件，甚至 388 元/件。最后处置时进行了大批量的销售，卖给了一位专门做零售批发的收购商，按5.5元计算一件衬衫，8万件衬衫一次性处置就卖了40多万元，所以这类库存的变现价值非常低。

如前所述，某债务人抵押的库存是45吨牛樟芝的木材（见图8－3）。牛樟芝是用来做保健品的，牛樟芝木材抵押价格是每吨120万元人民币。债务人说这些木材大概能值5 000万元，还有一些成品的药材，估计值2 000多万元，预估抵押物值为7 500万元。我就盯着这45吨的牛樟芝的木材，如果能变现的话，应该还是能拿回点钱。我不懂牛樟芝的价值就花了3 000元在我国台湾地区当地请了一位懂牛樟芝的专家和我一起去看。去了以后专家跟我说，这些牛樟芝上面没有养分，培育不出来这些药品，就是每吨几万元都没人要。况且，这个牛樟芝一下子要去卖个5吨、10吨的话，台湾也根本没有这个市场容量，一般买的人就是1吨、2吨最多。第一是没有人买那么大批量的货；第二，该木材当初评估时就是被欺骗了，评估价高的离谱，现在也是有价无市。

图8－3　无价无市抵押物——45吨牛樟木

多数情况下，借款都会有抵押物。特别是信贷行业，一半以上的借贷都有抵押物。常见的问题是，抵押物难以变现，看似有实则拿不到，或者如果变现困难重重。

（二）抵押贷款需要注意的细节

（1）要防止高评估的抵押物。

［**例 8 – 20**］在比较偏远的郊区，商业的办公楼销售不掉。企业先找到银行贷款，与银行谈好，一栋楼整体估值 1 亿元，其实最多卖七八千万元。银行估价 1 亿元，然后打七折，贷了 7 000 万元给企业。企业等于把这个房屋卖掉了，卖了 7 000 万元，然后再跑到民间小贷公司、担保公司游说："你看，我有一栋房屋，银行给我贷了 7 000 万元，最少这个房屋是值 1 亿元的。银行一般都按房屋评估价打六七折，最少值 1 亿元。如果值 1 亿元的话，还有 3 000 万元的余额。"企业在民间借 1 500 万元，应该来说，人家会借给他。人家评估房屋价值多少，就看银行贷多少给他。银行贷 7 000 万元，肯定这个房屋值 1 亿元，再贷 1 500 万元应该没问题。小贷公司将1 500万元贷给他以后，也签订一个协议，然后房屋抵押给他，做"二抵"，交易中心去做抵押。抵押以后，到期钱还不出，债权人去问他要钱，他说："房屋不是抵押给你们了吗？你去拿房屋好了，你去拍卖，我本来想把房屋卖掉还给你们，现在卖不了，那你去处理房屋。"这时候处理房屋的话，如果拍卖的话，银行是第一抵押人，拍卖后先要还银行的钱，这之后就没有多少余值了，"二抵"的这1 500万元肯定受损

失。因为这个房屋本身就是高评估抵押物，欠款很难全部返回，这中间还有很多税费以及差价。表面看这笔交易值得做，但他来借钱的时候就想好要把房屋丢给债权人处置了，借款根本拿不回多少。

（2）债务人唯一居住的房产能拍卖吗？

前几年，法院规定：个人唯一居住的房产是不能拍卖的。债权人不能把债务人赶到马路上去，否则影响社会和谐。因此以前唯一住房是拍卖不了的。近两年，法院出了新规定：就算是个人的唯一住房，也是可以拍卖的。但是要符合以下三个方面的条件：

第一，直系亲属名下有足够居住的房屋。例如，甲的孩子名下有房屋，有一套两房一厅或者三房一厅，那甲名下的唯一居住用房就可以拍卖，甲就住到孩子家里去。或者说，甲的父母有房屋，那拍卖以后甲住到父母家里去。

第二，给债务人留 5～8 年租金，比如说甲现在在上海徐汇区有一套房屋，值 200 万元，这个房屋每个月租金大概是 5 000 元，那我 200 万元帮你拍卖掉，然后就给你留租金。1 个月 5 000 元，1 年就是 6 万元，5 年就是 30 万元，我给你留 30 万～50 万元的租金让你租房屋，或者帮你把房屋租好，给你把 5～8 年租金留好，200 万元拍卖了，我就拿 50 万元出来，给你租房屋，150 万元可以还给我。这种情况也可以去拍卖。不能让债务人没地方住，需要给他留 5～8 年租金。

第三，如果在跟对方诉讼过程中，你发现他把名下房屋卖掉了，这个时候你可以去追回来。你跟他打官司，他知道可能会查封他房屋，于是他偷偷地把房卖掉，这个时候你可以告他该房产交易无效，要求转卖的房产继续恢复债务人名下，然后你再查封该房产。

符合以上这三个条件，就可以把唯一房屋去拍卖。对于这个规定，现在法院一一在落实，有的地方落实比较快；有的地方还是按照原来的规定，一套房屋我就不执行，那这个时候可以给法院施加点压力。新政策出来了，唯一房屋也可以执行拍卖了，另外我帮他留租金，又不是让他没有地方住，解决5～8年居住问题。所以建议大家，有的债务人是唯一住房抵押的话，房产拍卖前两年做不了，现在可以再到法院申请。

（3）债务人抵押的房产有他人户口的情况。

就是说，户口和产权是分开的，产权就是房屋所有权；户口就是居住权，就算房屋所有权是甲的，乙户口在里面，乙也有一辈子居住的权利。所以有时候拍卖房屋，也要看里面有没有户口。如果现在房屋拍卖给丙了，乙户口在里面，乙可以一辈子住在里面，这叫居住权和产权分离。就像有的人居住在里面，有两个老人、孩子住在里面，到时候法院去清房的时候，赶也赶不走他们，你就算叫“110”来也不能赶他们，因为他们享有居住权。所以这个也很麻烦。

所以把房屋抵押时，或者说，要去拍卖时，要问清里面有几个户口。你先可以叫债务人把里面的户口迁出，或者最好的方式，先到派出所查一下，这个房屋里面有几个户口。比如说三个户口，那要通知户口所在的人，签订协议，已知这个房屋做抵押，如果出现不还款情况，拍卖房屋时要自动迁离。让户口的户主写一个承诺，知道户口所在地的房屋已经抵押给债权人了。如果不还钱，要自动搬出并迁出这个户口。很多人往往没有去办这个手续，就算房屋给你了，但户主可以一辈子住在里面，有居住权，就很难处理。“110”难处理，法院也难处理。这往往是现实中很多人会忽略的一个问题。

（4）债务人房产是不是豪宅。

因为以前有过规定，不是豪宅，很难帮你去拍卖，豪宅拍卖可以以大换小；不是豪宅，一般房屋的话，法院很难用以大换小方式去处理，现在唯一住房都可以拍卖了，基本解决了这个问题。

（5）买卖不破租赁。

如这个房屋本来是抵押给乙的，然后甲在里面有个租赁权，租赁优先，就算抵押给乙，这个房屋通过拍卖以后给乙了。这里面还有个租赁，甲与丙签了租赁合同，有可能租赁合同是10年，就算这个房屋是乙的，那乙过10年以后才可以使用这个房屋，因为在抵押给乙之前甲已经租赁给了丙。所以办房屋借款抵押的时候，就要问清楚这个房屋是否有租赁。不要到时候，债务人签了20年的租赁合同，即使抵押、拍卖了房子，也只能20年以后才能入住这房屋。如果有租客住在里边的话，也要告知租客，让租客写个承诺：“已知房屋抵押给某某某了，如果出现问题以后，将自动搬离。”这种情况就跟有户口的住户一样，需要尽告知义务。

现实中有些人欠钱，人家要跟他打官司，他的房屋马上要被拍卖了，就存心搞一个假租赁，找一个亲戚或者朋友签个租赁协议，租赁协议20年，这样就算法院来执行他的房屋，由于法律规定买卖不破租赁，他能继续在这个房屋里住 20 年。这个时候怎么办？

第一，可以通过法律手段解除这个租赁合同。需要问清楚租赁协议什么时候签的？比如说现在是 2017 年底，若要通过法院诉讼拍卖房屋，那这个租赁协议可能是在 2015 年、2016 年签的，日期写的是 2015 年到 2025 年，10 年期。那么就要申请笔迹鉴定，鉴定合同签订的时间。因为 2015 年或 2016 年笔迹鉴定的时效性，是验得出来的。如果这个笔迹是 3 个月之内签的，不是他说的那样早在 2015 年签的，那肯定就是临时补的合同，法院就会判这个租赁合同是无效的。做笔迹鉴定，不是鉴定签字人的真伪，而是鉴定笔迹的时效。

第二，债务人如果是 2014 年出租的房屋，每个月租金 2 万元，那他能不能拿出租金的凭证？他出租房屋，肯定要收租金，一般来说，这个凭证很难拿出来，因为租客都没有给他付款，更不要说凭证了，甚至根本不存在“租客”。

债务人拿不出凭证的话就会有疑点：出租房屋给租客怎么不收钱？租客有没有付款的流水？拿不出这些证据的话，那有可能这个租赁合同是他自己伪造的。

如果是民间借贷，债权人也可以强势点，他能住，那我们也能住，你也派一帮人去住，大家都住那里。他住得不舒服，自然而然会把房屋腾给你。另一个途径，也可以去申请停水、停电，有人在里面住，你有权把水电表停了，因为你是产权人。法院把房屋判给你了，你就可以去申请，这样一折腾他有可能就住不了了，没办法生活，就把房屋给让出来了。

[例 8－21] 上海某房地产公司将一个门面借给甲，3 年多没收到过房租，连法院都执行不了。法院一去，甲就叫来五六十个甚至百八十个伙计，开个“小毛驴”就过来了。后来他们没办法，让我去帮他们，后来我去了以后一看，这个怎么弄？我就想，我就问房东，我说：“你这个门面房，水电煤是不是独立的？如果水电煤这个设备是独立的话，可以停水、停电、停煤气。”我说这样一停掉的话，甲就没办法。水表是在马路上的，那我就叫物业把水表一停，电表也停了。我是产权人，他不付钱。一停水，一停电，就没办法经营，之后他就主动过来谈，说搬走，然后再稍微补贴他一点。这样的话，他们就搬走了。

通过这些民间方式，给赖账人施加压力，如果你硬跟他们杠上的话，肯定搞不了，从法律角度他们也不怕，那你只能用民间的方法，停水、停电，不能生产经营就自然而然地把这个房屋腾出来了。

先有银行“一抵”，我们“二抵”，拍卖不用通知我们。很多人遇到这种情况，民间借贷更是如此。

[例 8－22] 债权人甲上海有套房屋，大概 2006 年，很早就借钱给乙了，这个房屋面积大概 1 000 平方米，银行贷款有 500 万元，甲是“二抵”进去 100 万元，甲认为这个钱是很稳妥的，银行 500 万元贷款，这个房屋最少值 900 多万元、1 000 万元，因为是门面房，都租给人家了，每年租金都有几十万元，他“二抵”进去，觉得应该很稳定，就不管不问。后来没多久，这个债权人被公安局抓

进去并且还判刑了，抓进去以后，他肯定没有还款的能力，那么后来银行就想拿房屋去拍卖。

甲认为，既然银行去拍卖，反正我是“二抵”的，这个资产我总拿得到的，不要说本金，利息都拿得到。或者拍卖的时候也去参与拍卖，把房屋买回来算了，银行五六百万元，我替乙还了，现在正好还有人，租客还在，甲正好把房屋买下来，收租金蛮好的。后来没想到，银行拍卖以后，都没通知甲，那个500多万元本金加100多万元利息，600多万元全部拍走，甲1分钱都没拿到。后来过了一个多月，他再去看房屋已经卖给别人了，再去到房产交易中心查借款时办的抵押证已经没有了。因此，不要认为抵押的资产若是足够的，银行处置资产有余值的话就会分给下一个债权人，事实却不是这样，有时拍卖的价值会很低，造成第二债权人没有余值分配。事后他说，早知道这样的话，我就主动跟银行去协商，当时买下来就好了。

存在“二抵”的情况下不要觉得有抵押是很稳定的，就坐享其成。

特别是唯一住房，将来可以盯着法院，一般来说，可以执行。那么放款之前，就要去看房产里有没有户口，有没有租赁协议，这些手续之前注意要处理好，不是说放款以后，等到要去执行以后，再去处理这些问题。这些问题要提早准备好、处理好。

（三）抵押房产变卖中涉及的三大问题

很多人借款都是以房产做抵押，钱得不到偿还后，债权人可以变卖抵押房产。那如何就这个抵押房产找到最适合的买家，是现实中很常见的问题。

（1）在抵押之前我们就要判断这个房屋是否有价有市？假如北上广某区的房屋市价在1 000万元左右，且没有其他债务，这种房屋就是刚需房，是有价也有市的，如作为500万元贷款的抵押，就是最后债务人不还钱，也可以很快找到买家，有时还会有些余款。另外一种是办公房、商铺，还有一些偏远城市的房屋，变现相对来说就比较难，一年半载可能都找不到合适买家。特别是受疫情影响，办公楼和商铺的租金及成交量都处于下跌的态势。

（2）在卖房时要判断报价是否合理。比如债务人卖房时，他说要卖1 300万元，其实这个房屋只值1 000万元，那他可能就是不想卖。所以要判断房屋卖出价格是不是合理，太低债务人吃亏，太高卖不出去，对债权人的预期也有影响。一般卖房让债务人自己去卖，到中介公司挂合理的价格。需要注意的是，去中介公司挂牌销售时，要讲清楚真实原因，如“因为债务抵押的问题，必须先拿到一笔购房款还给债权人，撤销抵押后才能办理正常过户手续”。切记，在和中介公司及购房人沟通时，要非常诚实，说清楚。当然，最好让对方全款付清。

（3）要熟悉房产抵押借款流程。比如说我是债权人，抵押房屋市值1 000万元，抵押金额500万元，我们要和买房的人讲清楚，必须先付给我500万元，然后我再去交易中心撤销抵押的他项权证。在债权人撤销以后，才可以过户；否则，房屋是过不了户的。而且，撤销抵押以后要过7天才能过户，不是当天就可以过户的，所以一定要提前讲清楚。如果不讲清楚，买房人会很担心，怎么钱付了，不能马上办理过户。

［例8－23］ 交易双方都已经到交易中心了，房东叫买房人先付100万元给债权人，买房人就不肯了，没说清楚今天就不能交易。确实，房东也不知道先要撤掉抵押过7天才能交易。他和我们商量，说是不是可以抵押先撤掉，让房屋交易以后再付款，我们肯定拒绝了。抵押撤了万一有风险呢，必须先拿到款再撤抵押。做了几番沟通，只好引入中介再担保。房东还是先把这个100万元给付了。

（4）千万不能提前撤销抵押。户主欠某小贷公司200万元。买房人担心他先付200万元，抵押不撤销怎么办？他的担心，可以理解。我就解释说我们是有牌照的正规小额贷款公司，不信可以去公司看一下，给写一个证明说收到某某200万元房款后立刻撤销抵押。他又说撤销抵押以后，因为这个案子已经到法院了，法院有一个流程，你保证我多少时间可以办这个交易，我们只能实事求是地说法院的时间是不可控的，但我们可以保证收到你的200万元以后，当天我们就陪着你一起去法院，把撤销房地产抵押的申请交到法院里去，但后面法院的时间我们是不可控的。后来他就到我们小贷公司去看，的确是正规的，他当天就付了200万元给房东，房东立刻就还给我们。收到了这 200 万元以后，我们就把撤销房地产抵押的申请，交到了法院的执行庭。

总结下来，在处理抵押房产借款中要注意的三点问题：一是一定要和买房人说清楚有抵押在里面，这是瞒不过去的。二是你自己要清楚房屋究竟值多少钱，你就能判断这个债务人会不会因为价格的问题去刁难你。三是要熟悉相关流程和手续，你要知道，一般的情况下是先还款，再去撤抵押，再去交易，千万不要先把抵押撤掉，因为万一他们不还款给你，或者解除抵押后又被别人查封，就没有保障了。

五、环境

现在整体经济环境相较于前几年，存在很大差别。马云 2019 年底说一天接到 5 个借钱电话，很多老板在卖楼。以前，基本上十个客户之中有可能六七个都能还款；而现在催收难度比以前大了很多。经济环境整体形势不乐观，逾期案件越来越多，回款率越来越少。我们会发现，有很多行业以前好做，现在不好做了，以前民间借贷借的最多，很多行业例如房地产、钢贸、船运、高端餐厅……都很好做，现在这些行业你敢借出钱吗？钢贸你敢借出钱吗？房地产你敢借出钱吗？船运业你敢借出钱吗？很多制造业你敢借出钱吗？都不敢借出钱。新疆那边是农牧业，相对还好一点。所以这就是环境的影响。我们要学会因时制宜、因地制宜，在特定的环境背景下采取不同的放款策略。现在的环境，小额分散是大家偏好做的。以前是一大笔借出去不管了。现在则借出尽量少，尽量分散，尽量把借款时间缩短，明确借款用途，关注资金流向。以前借 1 年没问题，现在先借半年或者 3 个月，小额分散。这是大环境所致。

在这个环境下，很多债务人以前是大老板，欠款过多的话有可能他翻身比较难，而且比较缓慢。以前他状况好，今年不好，明年有可能好起来；现在的话，有可能他今年不好，更有可能明年更差，这就是一个环境。你能想到以前开高端餐厅的人，现在女儿都到餐厅打工吗？你想不到。

[例 8－24] 甲以前在贵州是开大商场的。通过民间借贷借了几百万元，失踪两年后在上海被找到。甲在一家印刷厂做业务员，工资5 000元，提成 3%。他以前也是老板，在贵州欠了钱，待不下去了，只能跑到上海做销售。你能想到吗？我们找到他的时候，还以为他至少是个中层干部，以为这个印刷厂是他开的，没想到他只是个业务员。

就是这个环境，很多人翻身很难，这是现实当中我们碰见的问题。

六、风险防范要点

（1）贷款企业，如有前置许可的项目，必须办妥许可证、批文等手续，手续齐全才可落实借款。（有许可证、有批文这个公司就至少是正规的，没有可能一分不值。）

（2）对于初次合作的借款人、担保人，一定要取得其法定代表人或实际控制人的个人征信记录。如遇到贷款企业内部股东结构复杂、不团结的，或企业诉讼频发的，一般不予借款。（借钱的时候大家都没意见，之后经营情况不好，要还款的时候股东就有矛盾了，有的想还，有的不想还。）

（3）贷款公司的贷款客户单笔贷款规模控制，设定单一客户的贷款上限规模。不因有资金库存而降低贷款条件，违反贷款原则。（本来评估只能贷300万元的，一想账上正好有多余的钱，就放贷500万元。）

（4）贷款的企业长期占用小贷公司的资金、典当资金或民间贷款资金的，且贷款金额不降反升的，坚决回避。（这些成本高的资金只能作为企业的补充资金，不能像银行贷款一样作为铺垫资金，没有哪个行业能够长期使用年化收益率20%的资金，迟早会出问题。）

（5）企业同时向两家或两家以上的小贷公司、典当行借款，或企业出现抵押给个人大额借款的，尽量回避。

（6）取得财务资料的原件或见到资料原件，警惕财务造假。（员工和客户里应外合一起造假的都有，后面案例会讲。）

（7）贷款的企业主营业务收入呈不断下滑趋势的。

（8）对借款公司提出的贷款利率，敏感度不高的。（反正贷了就不想还，管你利息是多少，正经做企业的人是很在乎利息的。）

（9）贷款的企业实体逐渐呈空心状态，对外投资房产、担保公司等虚拟经济的，谨慎处之。

（10）贷款的企业高管人员流失，尤其是财务主管人员流失，需警示。（有的老财务一眼就能看出企业的资金问题，企业没有希望了，那高管肯定走了。）

（11）注意观察贷款的资金用途，提防企业擅自改变贷款用途。（一定要专款专用，最怕借了甲钱还乙的钱。70%以上的风险起因是贷款用途不当。）

（12）检查电费、税金、社保、工资等是否如期交纳和支付。（这些是最基本的费用，这些费用都付不起了，那还会还贷款吗？）

（13）收集借款企业或实际控制人尽可能多项财产线索，为后期催收做充分预备。（很多企业逾期后我们去问他们一些债务人的情况，他们都不知道的，例如住哪里，开什么车，家里情况等，一问三不知。如贷款前问一下的话很多人会说，但收到钱之后就不会说了。）

（14）借壳贷款或用第三方抵押贷款的也要核实清楚，谨慎处之。（用第三方抵押物的大多都是叫朋友帮忙的，但是如果以后钱真还不了要处理资产的时候，朋友都会翻脸，造成资产变现困难。）

（15）贷前严查企业实际控制人的征信记录。

征信记录能够初步反映其借贷情况、履约能力、过往的工作信息。如十几年信用卡都几乎没有逾期，或极少透支，信用都是不错的。有的老板信用卡都欠了上百万元那肯定有问题。

（16）宁愿相信债务人永远存在，而不愿意看到债务人即将倒闭，人都是有感情的，和债务人交往时间长了，都不想看见他失败。

自己也不能很好面对，他失败等于是自己的投资失败。

以上是一些关于风控要点以及防范措施的相关内容，接下来我们会讲一些实际催收的技巧，如何去做一些催收。我们会先观察一些危险信号，当这些危险信号出现时，就需要进行催收了。

第九讲

放贷是门生意，但需警惕“人情债”

我一直在帮助债权人做催收，工作中发现很多债权人都是困在了“人情债”上。现实中会发现，很多债权人意气用事，人情味大于风险意识，存在瞎评估、瞎放款的情况，甚至没有预判，最终害了自己也害了债务人。很多债务人之所以借“人情债”，大部分情况是他在银行或其他贷款机构借不到钱，甚至骗不到钱，只能寻求朋友、亲戚、上下级等关系。往往借这种钱是干嘛的呢？是借新还旧。借新债，还旧债。很多情况是即使你把钱借给他了，他还是新债旧债都还不了。

一、老同学关系的借贷

［例 9－1］ 债务人是北方一家做地板加工的企业，债权人是当地的一家小贷公司。该企业老板和小贷公司的负责人以前是小学同

学，从而在小贷公司借钱约六七年。该企业欠其他银行的钱都还了，就是这个小贷公司的钱没有还。小贷公司作为债权人对这个企业老板是很客气，也很信赖的。该企业老板央求这个小贷公司的负责人："我们都是老朋友关系了，你帮帮忙，我的地板生意现在重新改了，做复合地板了，以前做实木，现在改流程，做复合地板了，复合地板如果做起来的话，这个钱都可以还掉的。"

然后我们债权人就相信他，老同学了嘛，就一直借钱给他。最终现在的结果是欠了1 000多万元就是不还。目前，该企业也没有还款能力，经营不下去，基本处于停产状态。我去的时候，这个企业老板还埋怨说，当初如果他借不到钱的话，就不会去投资复合地板。就是因为借到钱了，所以投资复合地板了，亏了七八百万元。这叫好心办坏事，债务人倒打一耙。

二、老朋友关系的借贷

债务人A是我们上海的一个老朋友，相互之间认识超过20年。他做房地产项目，从身边七七八八的朋友那里，少的借几百万元，多的借几千万元，一共借了有2、3亿元。现在他负债已经达到8亿元了，而借的钱的年限也都有好几年了，利息都拿不到，就别说本金了。有些朋友还不相信他会倒闭，一直想支持他，一直想帮助他，希望他能够翻身。债务人A的银行贷款主要靠拍卖资产偿还，大概能卖4亿~5亿元。但是根据目前他的经营状况，只能偿还银行贷款，欠朋友的这 2、3 亿元还不了。

三、兄弟情义的贷款

债务人 60 岁，债权人 70 岁。债务人一直叫债权人“大哥”。他说：“大哥，你要不帮我，在当地就没有人肯帮我了。大哥你已经帮了我几年了，还差这几个月吗?”就这样“大哥、大哥”一直喊，债权人就心软了，想帮帮小弟，所以借出几千万元。两三年就这样一直拖着，没有及时问他要。而且每次要钱，债务人就请债权人喝个酒吃个饭。结果，债务人要破产了，债权人借出的也只是信用贷款，没有抵押。这个钱基本上也是要不到，都是讲兄弟情义造成的。

四、上下级关系的贷款

上海债权人郑某，1992 年借给债务人 30 万元，当时他们是上下级的关系。债权人是财务主管，债务人是出纳，后者正好想出去做生意。郑某觉得他小弟自己创业也蛮好的，就一直借钱给他，借了以后也从来没有说要收回本金利息，还继续 10 万元、20 万元、30 万元的借出钱。这样借出将近有 20 年，累计借出 200 多万元。最后他是什么时候知道债务人破产了呢，还是第三人跟他说的。第三人说，这个债务人的工厂已经被法院拍卖了拆迁了。他还不相信，一直相信小弟会还这几百万元。郑某太相信他这个旧下属，持一种关爱的心态，希望自己下属能够创业顺利。没想到20年一分钱本金和利息都没收到，肠子都悔青了。

五、亲属关系的贷款

河南某企业向当地银行借了4 000万元，向亲戚朋友借了6 000万元。亲戚朋友有的借了500万元，有的借了600万元，多一点的借了上千万元。但现在这个企业处于停产状态。虽然有土地使用权，但如果拍卖的话，也只能抵银行贷款4 000万元，而这些亲戚朋友拿不到钱。债务人只是希望企业能重新投入生产，把生意做起来，慢慢还亲戚的钱。但是他又去付利息，又去买材料，又去搞投资，想翻身做得更大，却没想到没有翻过来。越是缺钱，越是想投入一些更大的项目，特别是在机械设备采购上容易冒进。现在也只能等，看看明年他的企业能不能再生产，能的话还有还债的希望，但如果不能按期开工，就比较危险了。

第十讲
债务人逾期前的危险信号

债务人的债务逾期，在这之前都会有一些危险信号的出现。

一、债务人信用贷款逐步增加

有的债务人办了很多信用卡，10 万元、20 万元、30 万元、50 万元等。能办信用贷款肯定是债务人之前已经办过抵押贷款，抵押贷款的利率比较低，如用房屋做抵押的银行贷款利率可能就 5% ~ 6%，而信用卡贷款的利率有可能是 8% ~12%，网贷的利率则是 15% ~18%；民间借贷的利率会更高，如年息 24% 或 36%。债务人的信用贷款额度逐步增加，说明其负债风险也不断加大。

二、个人或者企业的特大、特小贷款

小老板借大钱，大老板借小钱，这种现象出现，就有可能出现较大的问题。一家小企业往常只借几十万元以渡过难关，突然之间要借几百万元，显然不符合常理，或者可能存在重大的债务危机。有的老板业务做得很大，通常贷款额度是500万元、1 000万元起步，如突然之间只借三五十万元，也需要重视。

[例10-1] 某老板A，外面负债几亿元了，但当地人都以为他是一个财大气粗的大老板，而最近在我的一个客户那里，他想借款三五十万元。我提示客户："你千万别借给他，你不要看这三五十万元金额小，他借这钱的用途是什么呢？因为他要付银行贷款2亿元的利息，要付民间借贷1亿元的利息，他现在就借小钱付利息。你别以为少就可以借出去，你借给他的钱还不够他贷款1个月的利息，他的重大的债务危机早晚会出现，所以这个小钱也不能借。"

三、只付利息，不还本金

借款到期了，债务人无力偿还贷款的本金。本来借款约定的期限是一年，这一年里他是要付利息的，但债务人第二年就跟你商量："我再借一年好不好，我继续跟你做生意，再付你利息。"其实债务人是还不了本金的，他就用付息的条件来敷衍。这种客户，一定要谨慎。大多数这种类型的债务人，其到后面两年三年甚至四年以后，都还不了本金。现在一些信贷机构就面临这种情况，借出去了好几年了，本金没有还过，或者说本金一直在增加，借钱付息。比如，原来是借200万元本金，利息按时付的，后来借款到期要还的时候，他再借200万元，变成400万元本金，然后付400万元的利息，最后借到800万元、1 000万元。债权人要意识到这不是一个正常的情况，债务人根本还不了本金，最后还是债权人自己倒霉。

四、民间借贷只收利息不管本金

在民间借贷中，很多债权人放出贷款后只顾收利息，不管本金，最终既害了自己，也害了债务人。因为民间借贷中的利息相对来说要比银行贷款高，银行借100万元，年化利率为5%～8%。民间借贷年化利率低的为12%，高的要达到36%，甚至更高。

很多民间债权人把钱放出去以后，只顾收高利息，两分息、三分息。本来约定1年还款，债务人还不了的话，只要付利息，债权人就给延长两三年。最终到第三年或第四年，债务人连利息都付不起了，才着急要收本金。但这个时候，一般来讲，本金只会一分钱都收不到。民间借贷或者说小额贷款，其实就是短期拆借的金融工具，救急不救穷，不能长期持有。因为任何业务，都不可能覆盖那么高的利息。借100万元，一年利息24万元，什么生意的利润能覆盖？所以，这些长期付利息的人都是拆东墙、补西墙，最后本金还不出。

[例 10－2] 某企业老板 A 借了民间借贷 400 万元本金，月息 3 分。钱到账后，A 在上海投资了一家浴场。洗浴中心经营情况是不错的，但是他借 400 万元投资洗浴中心，借款年息为 36%，一年要付 120 多万元利息，洗浴中心生意就是再好，也就只能与利息基本持平。投入 400 万元，3 年的收益也正好够支付利息，相当于不挣钱。近两年经济环境不太好了，A 投进去的钱一直困在洗浴中心，想退股也退不了。债权人现在钱也拿不到，只能等债务人卖了这个浴场。双方都僵持在这。

[例 10－3] 债务人 B 是做房地产生意的，当时他在银行贷了 1 亿元，民间借贷借了 1 亿元，每个月仅付出去的利息都要五六百万元。当时建议他早点把房屋卖掉，房价当时基本上是每套 60 万元，只要降 2 万元、3 万元甚至 5 万元，去库存，资金回笼也快，不然每个月的利息不得了。但是债务人没有听取意见，不想降价卖，情愿付利息，最后错过了最好的卖房时机。等他想明白时，再卖房屋时已经没什么利润可挣了。本来这个楼盘早点操作的话，大概能挣 2 亿元。拖了 2 年，利息又付了那么多，就是能以同样的价格卖掉，基本上只能挣几千万元。

五、债务人答应还款，但连续违约

债务人违约现在也成了正常现象。我们催收的业务中，几乎都是债务人违约的。但对于债务人违约，催收人要掌握一个度。我一直说事不过三，一次两次也就算了，超过三次，那态度肯定要不一样，要盯得更紧，就是要改变催款态度和策略了。

六、债务人长时间联系不上，多次不回复电话和短信

联系不上债务人的原因有很多。有可能你今天找我，我正好在培训，几个小时联系不上；或者说我比较忙，没有及时回复；或者生病了，有可能两天联系不上，但第三天联系不上那就不正常，就要去看一下债务人到底出了什么事情，及时了解实际情况。一般来说，我会给债务人打一两次电话，如果他不接，就再等等发个微信。如果两天联系不上，就必须要看一下真实情况。

七、行业突遭变故

本来是一个朝阳行业，突然国家政策变化，或者一项行业新规则出台，就变成一个夕阳的行业。前两年少儿培训机构生意很好，老百姓挣钱都愿意投资在小孩身上。某企业向银行借了 3 000 万元，用于新成立的四家培训机构的装修和维护，但他投资装修后没多久，新政策出台，要求严查少儿培训机构，有执照的机构要查，没有执照的更查得厉害。凡是办学资质模棱两可的、打擦边球的培训机构都不能营业。结果这四家新店都开不了张，要关闭，房屋也要退掉，

装修的钱等于没有了。该债务人的老店也面临种种危机。另外，一些美容医院，也是遭到严查。而很多借钱扩张的美容医院也出现了类似问题。因此，在借出钱时也要关注近期相关行业的变化。

八、债务人公司股东及领导人突然发生变更

股东发生变更的，有可能是债转股了，或者欠人家钱，把股份给卖掉了，要时刻关注这些变化。

[例 10 -4] 甲说："我外债欠了 1 000 多万元，我现在已经 60 多岁了，我也想退休，但是退休之前，就想把这 1 000 万元债务全部给解决掉，那么靠企业正常经营，这个 1 000 万元是还不掉的，1 年挣不了那么多钱。唯一办法就把我这个股份卖掉，把这个公司卖掉。"

甲说："为什么我能卖掉呢？因为我是运输公司，正好成立 20 年，我这个公司有几个资质，我还是协会副会长单位，所以这个公司能卖掉。卖掉以后，我大概就能收到 1 500 万到 2 000 万元，如果能卖 1 500 万元的话，我还 1 000 万元的欠款，还多个 500 万元，我就退休拿这笔钱安心养老。"

所以后来我们就一直观察甲公司股权，只要股份一变更，就说明这个公司卖掉了。后来大概谈了半年多，甲的公司被一家国有企业收购了，正好甲的企业在上海浦东新区。后来股权变更，人家把钱分三批给他的，法人、股东转掉以后，给他 1/3；股权变更事项全

部弄好以后，再给他 1/3，还有 1/3 是三个月以后给的。后来甲的钱也是分批付给我们，这样一来我们之间的债务就解决了。

另外，新的企业领导变更。有的企业领导换了，新领导上任以后，就有可能不解决以前这些欠款，不是说全部赖，而是能拖就拖，或者说能推卸责任就推卸责任。我们碰到很多情况，以前老总还任职的话，这笔钱肯定就付了；新的老总一上任，就开始找各种拒付理由。要么说你这个质量有问题，没搞好；要么说以前承诺的，我新来的我不认，都有可能。所以，如果公司领导变更时，要通知老领导人跟新的领导人交接好。如，以前是两个月一付款的，你就说按两个月一付款。如果以前这笔账有点纠纷，那现在马上就要谈好，顺利地交接好；不交接的话，新的领导来了，肯定是有变化的。

第十一讲
债务人常见的拖延理由

债务人、老赖、逾期欠款客户都有一些常规的、运用比较多的拖延理由和手法。

一、今天没有钱还

不能因为债务人说了这句话，债权人就不继续问他要钱了，就不要给他施压了。我一般会反问债务人："你今天本来答应还 100 万元，那今天 100 万元还不了，你今天能还多少？50 万元有吧？"如果债务人说今天能还 50 万元，那还要接着问："后面 50 万元何时会有？"这些必须要问清楚，约定后剩余的借款或货款是 5 天之内还，还是半个月，还是 1 个月。

二、我的客户没有及时给我付款

第三人欠债务人的钱没有按时付款，那我也会问："你这个客户是新客户还是老客户。如果是老客户，他以前是怎样的付款形式，为什么他不付钱给你。如果是新客户，你跟他的合同有没有，为什么刚合作的新客户第一笔生意就不付款?"对于债务人的客户付款情况的真实性，债权人或催收人员要确认。

［**例 11－1**］债务人 A 跟我说："楼老师，我欠别人 3 000 万元，别人欠我 7 000 万元，我的应收账款收回来以后，完全可以覆盖我的债务。"债务人 A 是做装潢工程的，也给一些工程供应大理石原料，也包括水泥等。我觉得他这个理由可以，但需要核实，债务人的这些欠款客户也需要实地看一下，确认这些应收账款是不是真实存在、能不能收得到。债务人 A 的态度还蛮好，也答应让我去核实。然后我就派了一个催收员陪他一起去实地考察。第一个客户甲，欠债务人 120 万元的工程款，答应先给 80 万元，还有 40 万元过几个月再付。债务人 A 收到 80 万元以后，也给了我们 40 万元，还有 40 万元他去还别的债务了。第二个客户乙，欠 100 万元未还，但态度很不好，一是说项目还没有全部完工了，二是说工程存在漏水漏电问题，三是说债务人供应的大理石有质量问题，所以不仅不愿意付 100 万元，还说要跟债务人打官司，要赔偿。这个情况下，这 100 万元的应收账款基本上没什么回收的希望。第三个客户丙，应收账款的金

额是20万元，但需要债务人先开发票。债务人的公司欠税欠了几个月，发票开不出来，而没有发票，丙就没有办法打款。所以，这个20万元暂时也要不到。综上，债务人的这三笔债务里，只要到了一笔，其他两笔都没什么希望。

遇见这种情况，一定要核实债务人对外应收账款是否真实，收到的几率多大。

三、我没在

这种情况就是大家很常见的债务人推脱自己不在。说自己不在，等回来了再解决，或者说老板不在，老板去外地办事了，回来就解决。一般情况下，应先调查一下他的这个借口的真实性。如，他的老板是不是真的去了外地。或者去他公司看一下，从侧面探听。有的时候债务人说："我不在，我在外面办事"我立刻说："我看见你车子停在公司楼下了，你怎么不在？"直接揭穿债务人的谎言，对债务人来讲也具有一定的震慑力。

四、故意出现汇款错误

有时，债务人说："钱已经汇出了。"但本来这个钱应该两小时之内收到的，没有收到，或者1天也没有收到的，就必须马上去核实债务人到底有没有汇出。有的债务人被催收以后，压力比较大。

其实他账上没钱，但他存心在电脑汇款时打错一个字，导致这笔钱看起来是汇出了，拍的照片也是汇出的显示。另外一种情况是，给个支票，但支票上写错一个字，结果存不进去。债务人的这些小动作，要有警惕心。

五、最近在打官司，打完官司就给钱

债务人另一种说辞是：最近在打官司，打完官司以后就会还钱。这种情况，要核实他是不是真的在打官司。

[例 11－2] 债务人 A 欠了 200 万元，说最近跟一家房地产公司在打官司，一审判决已经下来了，房地产公司要赔他 1 200 万元，收到赔偿款后，他就会还我们的钱。该官司一审开庭时我也去了，因为网上能查到相关资料，也的确是要赔给他钱。后来过了 3 个月，钱还没有拿到。债务人说对方上诉了，觉得 1 200 万元太多，上诉了。后来再去法院核实，是上诉了。二审时，我们参与旁听，结果最终判下来是赔偿 600 多万元。债务人收到 600 多万元后，还了 200 多万元。

六、正在办银行贷款

第一，要核实是不是真有这个银行贷款？是不是在办？第二，银行贷款办得下来吗？现在办理银行贷款都比较难，审核严谨。有一个客户说："我有房屋，我用房屋抵押到银行去贷款不就可以了吗?"我说："你光有房屋，你没有银行账户收入的流水，没有还款来源保障，办不了银行贷款"他说："我这个房屋价值 1 000 万元，我借个几百万借不到吗?"他不相信，说要试一下。果不其然，银行当然不给他贷。没有银行流水，贷款 300 万元，每个月还几万元的本金和利息，债务人每个月收入都没有几万元，哪里贷得了款。现在银行要求贷款人每月的收入是还贷款额的三倍才给贷款。

七、我身体不好，或家人生病要照顾

债务人常会说最近自己的身体不好，或者说家人生病需要照顾，等处理好这些事项就还。这种情况下还是要核实债务人是不是真的生病。有的人发生债务危机以后，是真的病了。

[例 11－3] 2008 年，我去杭州催一笔 200 万元的债务。债务人得了阑尾炎住院开刀了，我去时他正好在医院，我也顺带去看了一下他。医生说，债务人这个情况，就是着急上火，阑尾炎犯了。这个债务人以前做生意都是比较平稳的，这次突然遇见麻烦导致要还 200 万元，比较着急，就生病了。

有的债务人其实没病装病，说是在哪里看病，其实没有这个事情。债权人与催收人员要去医院看一下情况是不是属实。实地探望一下，就能了解债务人情况的真实性。

要记住，如果债务人多次用不同的借口来拖延还款的话，那他就是真的想赖账。因为真的想还款的人理由不会很多。如果债务人今天说："我有一笔货款，收到了这笔货款就还账。"过几天又说："货款没收到，我在办银行贷款，银行贷款下来了就还。"过两天又说："我最近生病了，等我病好了再来解决。"这种债务人就是不想还钱。

第十二讲

催收前的评估和判断

一、评估欠款逾期的真实及准确的状况

认真评估欠款逾期的真实及准确的状况，做出正确判断，有利于后续催收工作的有效开展。

（一）评估欠款金额

确定欠款金额。比如最早借了500万元，还了400万元，那欠款金额是100万元。

（二）欠款所占总欠款的比例

占总欠款的比例，这里指的是目前尚欠的账款占总欠款的比例。

如借款人目前欠了100万元，那这100万元是全部欠款？还是之前借了500万元，已经还了400万元，还差100万元？后一种情况下，欠款占总欠款的比例就是20%，而这个比例数值越低，说明总体欠款情况越好。

（三）欠款逾期时间

欠款逾期的时间有多久，是欠了1个月、3个月、6个月还是1年。逾期时间越长，欠款情况越差，催收工作的难度也越大。

（四）跟债务人合作的时间

跟债务人合作的时间，是指债权人与债务人合作时间的长短。有的情况是双方已经合作了五六年，以前业务开展得很顺利，就是最近这一年不太好，逾期半年左右；有的情况是双方刚合作就产生欠账逾期或拖延，有可能是债务人欠第三方的钱都还了，甚至第三方的钱也没有还，又跑到新债权人这来借。而后一种情况，显然属于比较差的。

（五）外债记录

债务人的外债记录有没有？一般来说，应先查一下债务人个人和其公司的外债记录。要查询这些记录，可以在法院诉讼网上输入公司的名字和债务人个人的名字及身份证号码。就会基本掌握其外债情况，特别要注意一些细节，如外债记录多不多，和他相关的人员如其高管、亲戚、老婆、孩子等，这些相关人员有没有外债记录。如果没有，那债务人的外围情况相对来说是比较好的；如果债务人已经有诉讼记录并且已经上了失信被执行人的名单，外债已经几千万元了，就要有打“持久战”的准备。

（六）外债记录发生的时间

外债记录发生的时间，是债务出现问题的最直观的显示。如果一个债务人，2016 年之前都没有外债记录，从 2017 年某个时点开始，外债记录一下子就多了起来，起诉他的人很多，就预示着债务人的债务危机要爆发了。现在信用环境下，相关信息很透明，债务人出现了一个诉讼记录的话，其他债权人就会警觉起来。有时一个债务人几个月之内就爆发了上百个诉讼的情况也是有的。

（七）债务人是否失联

债务人是否还在正常联系的状态。债务人是否还能找得到？找不到的话，电话是否能打通。要判断债务人是偶尔性失联还是彻底失联？有的债务人在债务危机爆发前一直去公司，但债务危机爆发后就不经常去，或者手机偶尔接通，或者彻底不接电话了，这时就要想办法，按债务人失联的情况确定后期的催收方案。

（八）是否还有可供执行的抵押物

债务中的抵押物，一般有三种情况。第一，要确认是有还是没有；第二，要计算抵押物足不足值，能不能覆盖债务；第三，要查实抵押物可不可以变现。有的抵押物比较难变现，不好处置。相对来说抵押物如果是房屋则比较好处置，而如果是一些库存设备就比较难处置。如，债务人欠款300万元，抵押物是一套价值150万元的房屋，相对来说这150万元是比较安全的，催收的主要精力就要放在另150万元上。

（九）目前的经营状态和收入来源

债务人的欠款逾期，肯定是当前经营状况不是很好。即使是之前发展很好规模比较大的公司，资金链也有可能发生问题。所以，要关注债务人现在的经营状况如何，是否能挣到钱，目前还有没有挣钱还债的能力？我在做催收时，第一个问题就是："你现在挣得到钱吗？"如果现在经营状态不好了，行业趋势不好的，挣不到钱，那第二个问题是："你现在借得到钱吗？""你现在从哪里能借到钱？"如果债务人落魄到只能卖资产还债，那还要问："你的资产有哪些是可以卖的？"

（十）还款意愿

债务人逾期以后，有没有还款的意愿，会不会主动还，是催收工作的重要影响因素。有的债务人认为欠债还钱天经地义，只要有钱就会还钱。前阵子有新闻报道一位上海82岁老太太每天摆摊卖5元两个的油墩子，就是为了替儿子还债。这是属于品行端正的债务人家属。

有的债务人是被动还债。欠债权人A100万元，外面可能还欠债权人B、C、D很多钱。债权人谁盯得紧，谁催得紧，债务人就先还谁的。如果债权人不催，不盯，他就不还，这叫债务人被动还钱。

有的债务人人品更差，欠款逾期后，从来就没有想还，就是想赖账。甚至还叫嚣着："我辛辛苦苦借来的钱凭什么要还?"这种人就是从来没有想过欠账是要还钱的。

（十一）债务人的个人和家庭的背景

有的债务人，个人素质比较好，一是认账愿意还；二是学历比较高，文化程度比较好；三是年龄适中，不是很年轻，也不是年纪太大。债务人年纪太轻，可能不太懂事，借了钱，不想还的；有的年纪大，有可能身体也不好，也没有太强烈的挣钱还债的意愿。所以债务人个人的年龄结构、文化程度还有家庭的背景也要观察了解。

有的债务人还款出现问题后会跟家人商量，而家人的态度对于债务人有着决定性的影响。有的家庭氛围比较好，建议还是要还钱，欠款就算不能全部偿还，也要拿出一个态度来，表示诚意，在能力范围内多多少少还一点。有的家人就会说："还什么，不要还了，我们自己的生活总要有保障。"首先考虑的是他们自己不能受到委屈或损失。所以家庭影响是很重要的。

综上所述，欠款的金额、逾期时间、外债记录、是否失联、是否有抵押、目前的经济收入、还款意愿，以及个人、家庭背景这些方面都是需要我们在催收前做好的评估工作。

二、做好谈判工作，先谈后判断

催收的过程很大程度上就是和债务人谈判的过程。谈判谈判先谈后判，先谈先沟通，然后再做正确的判断。了解债务人目前的还款能力和还款意愿，了解目前的经营情况、收入情况。有可能以前生意好，现在生意不好；或者是借钱时情况比较差，现在经营情况好了，有了还款能力。其实就把债务人做一个简单的归类和了解，再判断如何催收。

在有些案例中，催收人员催收过多次，甚至也已经谈判了好几年，但是最终却没有形成一个实质的结果。债务人说先解决 1 亿元的欠款，但当要求他落实这 1 亿元的欠款时，他又推翻了之前的说法，说一定找个机会把债务 2 亿元全部解决。来来回回，总是这个那个，变来变去，而催收人员对具体细节也很模糊，不知道是应该解决一部分，还是等机会全部解决，分辨不清，糊里糊涂。其实，大多数债务人的企业还是在正常经营中，也是有收入的，但是催收的过程却是一分钱都没有还，这时就要判断出债务人是在拖延时间，不是真想还钱。这个时候，债权人或催收人员应该立马起诉，申请法院强制执行，最起码要让他停工，不能正常经营。债务人的工厂如果停工了，没了收入来源，就会对其造成影响。所以谈判谈判，谈的过程中要准确并及时判定债务人还款能力和还款想法。

另外，要掌握一定的谈判技巧。谈判不是和债务人吵架，沟通要有理有据。催收人员不能谈判不成就破口大骂，特别是在电话催收中更不能口无遮拦。毕竟是债务人欠钱，没有道理，而我们是有理的一方。

第十三讲

评估后无法接受的委托案件

评估以后，还有很多案件是不能做的，如债权关系存在纠纷。前面提到了，如果这个案件是有纠纷的，那最好通过法院处理。非法债务、因赌博产生的债权债务关系、高利贷等我们都不会受理。最主要的是，债务人是否还具备还款能力。如果债务人已经没有还款能力了，那这个情况下肯定做不了。丧失了还款能力，也没有必要浪费时间、精力、人力、物力、财力。就像前面案例谈到的，这个人已经在餐厅打工了，那你去催收她干吗？肯定做不了。他已经给老板做司机了，你再去问他要1 300万元，能要得到吗？答案显然是否定的。

第十四讲
催收准备工作

催收之前，要做大量的准备工作。

一、整理和分析欠款凭证

先将凭证分类整理好，再根据整理结果进行分析汇总。如债务人本来欠100万元，本金如果已经归还了20万元，那么本金还差80万元。利息是多少？是3个月利息没付，还是5个月利息没付，自己要有一本账，应该很清楚。不要跑过去问人家要钱，人家说：“我怎么欠你100万元了，我以前还过20万元啊！”或者说：“你利息算得不对，你多算了利息，我前面利息付了”，等等。为了避免出现这种情况，要整理核对债务人的欠款凭证，仔细认真。这些前期工作在催收之前都要做好。先说本金多少，什么时候还了多少本金，还差多少利息，几个月利息没给了，以前利息怎么算的，都要清清楚楚，一目了然。

二、调查欠款企业的经营状态

[例 14－1] 之前有个企业贷款逾期，我们就去该企业看一看。车子一开进去，发现这个企业蛮大的，停车场也很大。车刚开进去，保安就过来收费。我们就说："你老板欠我们几百万元，我们是来要钱的，还收什么停车费。"

后来保安就说："老板欠你们钱，老板欠我们工资都几十万元呢！"欠保安工资都几十万元，想想看，保安工资都能拖欠几个月，这个企业还能给他贷款吗？肯定不能。

[例 14－2] 还有一家企业也是同样状况，催款之前我们去实地调查，发现企业门口怎么老是停了一辆黑色桑塔纳，我们去了两三个星期每次都能看见，后来了解这个公司老总欠他们 500 万元，来这儿已经 1 个月了，从来没看见老板。那说明什么？说明他们很早就发现这个问题。

实地走访，看一下这个企业状况到底好与不好非常重要。

三、催收人员的心理准备

当我们去催这笔钱的时候，要做好心理准备。如我去见债务人，他会见我吗？会不会？对我态度怎么样？是热情接待我？还是不见我？还是派别人来和我谈？这些可能发生的情形你去之前都要想好如何应对。去之前需要了解债务人的个性和心理，包括他如何答与问，都要做好准备。他是认账的、态度好的，还是态度不好的。在这种心理准备落实好以后，做几个答与问的方案，认账的怎么谈，不认账的怎么谈，减免利息的怎么处置，有纠纷的怎么解决，要把这些问题在去之前都全部考虑清楚。如何根据债务人的态度来回复？你去之前都要考虑全面。这些都是去催收之前基本的、必需的一些功课。

一般来说，催收能力的提高要提前于实际的需要。我们是从事信贷行业的，遇见逾期和坏账是难免的，或多或少都会有。控制得好，坏账数额有可能就少；控制得不好，坏账金额有可能会增多。

四、通过了解债权人，辨别债务是否能收回

常言道：物以类聚，人以群分。债权人的素质、经济状况等，其实也决定了他所接触的那些债务人的大致情况。相对而言，如果债权人好说话，人品又不错的，那他委托我们办理的催收业务也是

很好处理的。

有的债权人我们一接触，就觉得人品很不错的，而他委托我办理的几项业务，也是去一两次就能把钱要回来，这说明他所涉及的债务人总体品质也是很不错的，大多数情况，都是债务人的确是碰到一些经济困难没有按时还款，我们去催收一下，立刻就还钱了。

反之，有的委托债权人则斤斤计较，爱讨价还价，就连我们收取的合理催收费用，也想分文不出；有的则给催收人员规定催收期限，如要求短则3个月长则半年必须把钱收回来，但其实债务人亲自去要了好几年一分钱也没要回来，却要求催收人员在这么短的时间内要回来。

还有一种债权人的委托催收行为纯粹是一种有目的性的报复行为。债权人知道欠款肯定是要不回来的，他就让催收人员做免费的“打手”，给3个月的期限去催收。要不到的话，就说催收人员没有能力，改让其他公司或人员要钱。债权人其实为出一口气，并不是真想要回贷款或欠款。

还有一种是债权人本身就有瑕疵的。如有的债权人拿一份合同给催收人员，证明某某欠他100万元工程款没有付，他已经给对方供货了，但没有按合同期限收到应收账款，但可能是他交货晚了或货品有问题。还有一些涉及高利贷或者砍头息。如果有这些问题的话，建议先让债权人打官司，把相关责任问题弄清楚，债权凭证确实合理合法，再去做催收工作。

[例14－3] 一个做翡翠生意的债权人张某，3年前借给李某

1 000万元，现在想收回。如果是翡翠生意，一般当初借款是有抵押的，而且本案例中，债权人也说有价值 1 000 万元的翡翠实物做抵押。张某给李某的借款利息不高，年化 12%，大概收了 1 年利息了，现在利息停了已经有 1 年多了。债权人 40 岁左右，长得蛮帅，他和老婆一起开店，老婆长相一般但人很能干，两人有三个小孩。据我对债权人的了解，张某很精明、很计较、很谨慎，他借给别人 1 000 万元，肯定需要 1 000 千万元以上价值的抵押物。当初债务人抵押给他的翡翠，最起码价值 1 500 万～2 000 万元。债务人李某现在经济状况不好了，就让张某自己去处理这些翡翠，利息也不付了，等于清账了。如果当时张某立刻卖掉这些翡翠，肯定是值这 1 000 万元，但是张某动了小脑筋，想等价值再涨高点卖，没想到近两年翡翠价值跌得很厉害，以前 2 000 万元的货品现在只值 500 万元了。这些抵押品既没有市场，价格又太低，债权人张某后悔了，就反过来问债务人要钱。可是债务人李某当初已经抵押了翡翠，并约定债权人可以处置这些抵押物。债权人就是想反攻倒算，这种业务根本没有承接的必要。

第十五讲
电催、信函、上门、诉讼四项催收方式揭秘

催收方式一般有以下几种：电话催收、信件催收、上门催收和诉讼催收（见图 15－1）。

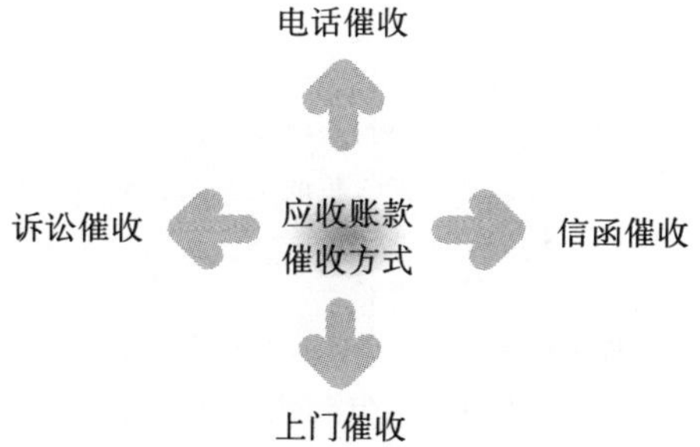

图 15－1　催收方式

一、电话催收步步为营

第一个催收方式就是电话催收，这也是我们用得最多的一种催收方法（见图 15－2）。

电话催收步骤

第一步： 确信是当事人（债务人）或他的上司或公司的老板。

第二步： 表明自己身份，代表公司和来电目的。

第三步： 强烈要求今天全额付款，非常有礼貌地但十分坚定要求立即全额付款，创造出一种紧急气氛，你的语气及态度要让债务人感觉他今天就必须付款。永远记住你要求一个明确的付款日期。

贴士

经常在电话中诱导发问，刺激或鼓励债务人能有积极的回应，譬如给予债务人两种选择，无论哪一种选择都能有积极的回应。

第四步： **心理进攻**

- 让债务人讲起来；
- 让债务人解释或提供为什么不能付款的理由；
- 告诉未来怎么催收拖欠款的方法与手段；
- 耐心倾听债务人陈述。

第五步： **明确症结**

- 发问法
  - 开启式发问：事实证据、感觉、意见
  - 关闭式发问：Yes or No
  - 反映式发问：让债务人继续讲下去
- 建议法：筹款付债
- 要求法：立即全额付款

贴士

从不问债务人你能付多少？从不在债务人开口承诺之前先给个还款建议；永远要求立即全额付款。

第六步： **结束电话**

- 争取有一个还款安排，一定要有日期和还款数额；
- 争取一张签有远期支付的支票；
- 要求有重新安排过的还款计划；
- 确定下一步工作重点与跟进事宜。

第七步： 更新你的案卷记录。

第八步： **积极跟进**

- 若有约定，安排有关人员跟进配合，解决问题；
- 提醒按时付款；
- 若有爽约，立即致电债务人；
- 若需要，提升压强。

图 15－2　电话催收步骤

（一）电话催收的优势

第一，电话催收最大的好处就是成本比较低，因为上门催收肯定会发生各项支出，打官司也需要支付诉讼费。而打电话的成本则会低很多。如果一项业务要回的本金是 1 万元，但催收成本也至少需要 1 万元，自然没有催收的必要了。

第二，电话催收的速度比较快。催收的成本支出，从低到高，基本上是电话催收、上门催收和诉讼催收。能打电话要回来的钱就不要上门催收，能上门收回来的钱就不要去打官司。国外大部分是电话催收和发邮件，很少上门，更少诉讼。如在美国上门催收的费用是一次 1 200 美元，人工很贵；打官司有 10% 的诉讼费，而且美国的律师费是非常贵的。

第三，根据电话催了解到的情况，能为后续其他的催收工作做准备。很多电话沟通的目的就是摸底，如询问现在的经营状况等。

第四，电话催也能起到督促的作用。很多时候有些欠款不是债务人主动逾期，而是忘记了，电话提醒一下是有作用的。或者可以在电话里进行一些小的施压，提醒债务人合同到期不还款会产生罚息，如每天 100 元或 500 元，或提醒债务人再不还款就有可能提前终止合同，以后不再合作了。这些小的施压，一般都是通过打电话实施的。

（二）电话催收的劣势

眼见为实，耳听为虚，此话也不假。很多案子很复杂，就靠一根电话线是要不回来钱的。特别是一些长账龄、超过 10 万元金额的案件，电话催收的难度就很大。现在电话催收都很规范了，甚至电话催收中说话不注意，也会有债务人立刻就去投诉。

（三）电话催收的步骤

第一步，确定当事人是债务人的直接责任人。打电话进行催收时，第一步就是要给老板打电话。能打给老板本人，这样最好。催收就是要打给老板本人，这是第一步。第二步，表明自己的身份和来电的目的。“我是某某公司的工作人员，你们这个月欠我们本金 100 万元，利息比如说是 10 万元钱，你们说好月底还的，为什么没有还？现在你们准备什么时候还？”我是谁，代表谁，目的是什么，一定要说清楚。表明自己身份、公司、目的，这三点要讲清楚。通过电话简明扼要地把这三点说清楚，然后强烈要求还款。态度要非常有礼貌，同时语气要十分坚定，给对方一种不容商量的感觉，在结束通话时一定要达成一致约定，谈好还款时间和金额。

沟通过程中也可发起心理攻势，让债务人解释不能付款的理由。他肯定会说，自己什么什么情况，人家钱没给我，我现在有点困难……听他解释为什么没能付款的理由。但不是说他解释完以后，我们就不问他要钱，这个是肯定不行的。等他说好后要告知他，未来的催收方法与手段。

最后再耐心听他陈述，你对他施加压力后，看他以后怎么说。一定要有一个具体的还款安排，约定的时间和金额。结束电话的时候，还要确定下一步的工作重点及跟进事宜。这里给大家简单介绍实际工作中的一个催收案例。

［例 15－1］ 债务人乙欠债权人甲 2 000 多万元。我们和乙接触已经两个月的时间了，比较熟悉。对话如下：

我：“你欠我们 2 000 多万元，你大大小小外面一共欠的也有 6 000多万元，肯定也有人家欠你钱的，做生意嘛，都是三角债。人家欠你钱的话，我们也可以帮你去催收一下，如果要到的话，大部分还给我们，留一部分给你，你看怎么样？”

乙：“有一家航道局，欠我们 6 000 万元。”

我：“这属于政府项目，我们要不到的。还有没有其他人家欠你钱?”

乙:“有啊，山东还有一个人丙，欠我120万元工程款。”

我:“好的，那这个钱我帮你去要，我把120万元全部要回来，100万元给我，20万元给你。”

乙:“好的”。

我们就这样约定好了。

我对乙说:“这样，你把丙的所有材料都交给我，欠款凭证、资料、合同都给我，这样的话，我可以去找丙去催收。”

乙:“我跟他没有合同、没有资料，我跟他做生意将近10年，都是口头约定的，没有合同。”

我:“你没有合同，那不是叫我去要债，是叫我去敲诈勒索！如果他给我钱算什么?那岂不是我敲诈他了?我什么凭证都没有，怎么去找他要钱?”

但是从我的经验判断和我对乙的了解来看，我认为乙不会骗我。这个欠款事实估计是真实的。当然从催收的角度来说，在什么凭证都没有的前提下，要跑到山东去要钱，这个催收成本有点大，万一对方不认，那一点办法也没有。因为毕竟凭证什么都没有，相对比较难。我们催收的原则就是，花最少的时间、精力、成本，同时让债务人难受、感到压力，他才会还钱。所以我想先电话沟通，因为打电话成本是最少的。乙给了我丙的电话。后来我打电话给丙。

我对丙说:“丙总，我是乙总这边的，你也知道的，乙外面高利贷已经欠了好几千万元了，欠我们钱也有2 000多万元，现在他天天跟我们一起。他说你欠他 120 万元的工程款还没有结，让我来跟你联系，他现在很困难，所以这个钱必须尽快还。”通过这样一通电话，我就很快把我是谁、来电目的跟他表达清楚了。

丙听完我表达以后，马上回了一句：“我哪有欠他 120 万元？”口气强硬，嗓门高，声音大。这说明什么？第一个反应就是：肯定是欠了钱，但没有那么多，并不是没有欠款。丙如果没欠的话就会直接说：“我没有欠啊，瞎说，你去打官司吧！”

我马上反问他：“那你认为欠了多少钱？”

丙：“欠了多少钱，要对完账才知道，也不是我说了就算的。”

我：“好啊，对账谁怕谁。我们最好把账对清楚了，我们又不可能敲诈勒索你，是多少钱就还多少钱！我是来要钱的，但不会问你多要一分钱，你也不能少给一分钱。”

丙：“好啊，但对账你不要叫乙过来，乙不清楚这个钱，你叫丁过来，因为丁是山东这个项目的负责人。你让他过来对账。”

我：“好，今天周一，那我们定在周三吧。”

丙：“周三不行，周三有领导要来视察，那就周四吧。”

我：“好，最晚周四，一定要把这个账对清楚。”

后来我跟乙说：“人家叫你去对账，什么 120 万元，人家说根本没有那么多，对出来多少就是多少。”

乙：“好的，那叫丁去，对吧？”

周四下午双方对账了，120 万元欠款竟然只有 30 万元是最后确认的，因涉及工程的很多方面问题扣除了大部分款项。

我："你们双方认可不认可这个30万元。"

因为作为我们催收来讲，我们也不可能多收一分钱，实际是多少，我们就催多少钱，我们不可能多要的。

乙说："认可，对出来多少就是多少。"

后来就认可了这30万元，那我就立刻打电话跟丙说："既然账对出来了那就付款吧。今天周四，下周一把钱付一下，账对出来就要付钱啊。"

丙："怎么可能啊。今天是12月15日，你可能不清楚我们从事工程行业的年底都没有钱，我不可能在年底时候给你付款，这笔钱肯定要过完春节以后，我拿到别人所欠我的工程款之后才能付给你。"

我："那不可能的，我说乙现在都被高利贷追债，外面好多人找他要钱，而且这个钱也拖了很长时间。现在生活都难以为继了，银行在找他，高利贷也在找他，他连生活费都是问题。既然对出来你又不马上结账的话，那乙连过年都过不了。到时候乙要找到你广州老家去了，到广州和你一起过年。"

我就这样给他施压，后来丙压力也蛮大的，又说了一些拒付理由。

我："这样吧，不要多说了，我们各退一步，你说过完年就过完年，但过完元旦也是过年，那就定在1月5日吧，不要等过完春节，就1月5日，你把这个钱还了。"最后丙同意了。

1月4日以后，我给丙打电话。

丙："这样，你明天叫乙过来，到山东来，我直接给他承兑汇票，再让乙签个字。"

1月5日过去以后，就把这个钱拿到了。这个案件就是靠打电话把钱催回来了。

所以我们打电话催收第一步就是打给债务人本人，就是老板乙，我打给丙，告诉他我的身份，我是谁，乙这边目的是什么？然后让他解释，为什么不能付款的理由，他说春节后再结，那肯定是不行的，我就告诉丙未来的催收方法与手段。"你如果过年前不能给我们，那我叫乙一起到广州跟你过年。"这就是给他压力，让他也过不好年。最后再听他一个陈述，最后怎么办？大家各找一个台阶，最后约定一个付款日期1月5日，金额30万元。

（四）电话催收策略与要点

（1）分析欠款的原因，分类评估案件。仅需要电话催收的案件处理时需要先分析，熟悉欠款的情况，如欠款金额、占总欠款的比例、欠款的时间、债权人及债务人的分类等。如，总欠款金额为200万元，已还了150万元，还逾期50万元相对容易催一点。分析债务人是否具备还款能力及还款意愿如何。有希望的欠款催收，重点跟进。

（2）电话联系不上的，可以通过其他方式寻找，如座机换成手机，或者换电话号码。有的客户对于陌生电话是不接的，况且现在骚扰电话也很多。可以的话也可以使用短信的方式。如发送信息

“我是某某公司的，什么什么情况”或者“王总有急事请回电”。

（3）通电话前要做好相应的答与问预案。催收就像治病一样，一剂药就药到病除或一剂药就包治百病是不可能的。电话催收重要的是迅速听取对方信息，并灵活应答，不同的人要有不同的话术。有的债务人接电话时会说：“我不认可你，我不认可催收公司，你找银行来找我，我之前找王经理联系，你让王经理来找我。”这时，你可以说：“我有合理合法的委托手续，现在你欠某某的账款逾期了，由我来负责，或者由我们催收公司委托律所来处理。”

有的债务人会说：“我现在没空。”那就要回复：“你现在没有空，那你什么时候有空？”听听债务人怎么说，如果他说再联系，或者是过1个小时，你就要回复说：“我等你电话。”如果他给你打电话了，说明他是有还款意愿的。有的人总说“等等”“等等”，其实根本把回电话不当一回事，说明他是没有还款意愿的。因此通过债务人接电话的方式和承诺，也可以判断他的还款意愿强弱。

（4）果断拒绝一些不合理的拒付理由。例如有一个债务人，之前已经沟通了几次，说好了月底会还钱，但到月底他突然说“今天我实在是没有钱，你再给我宽限几天的时间。”之前已经和他沟通了几次，要求月底必须还钱，债务人再纠缠还款的时间，在电话里就不用客气了，直接告知其后续将采取的措施。

[例15－2] 某债务人要求先把法院查封其公司的股份先解除，理由是他之前已经还了几十万元，怎么还查封公司股份。我说：“请你信守当初在法院调解时的分期还款的承诺。如果你做到了，我就

不会要求法院查封。”他说：“可如果股份不解封的话，我在外面融不到资金，本来有人要给我 200 万元的，一看我的股份被查封了，就不给我融资了。”我说：“这事由你自己去解决。按约定还款后，我们会主动要求解封。”所以对客户无理的要求，催收人员在电话里，一定要讲明白。

[例 15－3] 某项催收业务的债务人陈某欠了银行 20 亿元，最近用其他公司在做一些小生意，我正好在微信上看到与他相关的信息。我打电话给他说：“我也知道你现在的情况不好，银行也欠了几十个亿，但是你现在小生意也在做，不是没有一点收入，百把万总是有钱还的吧。”然后，由于我对上一次谈判的细节较清楚，也把上次他的承诺都复述了一遍，这对他来说是一种压力。通话后他归还了近百万元。

（5）要耐心听债务人讲话，不要抢话。对于催收人员来说，不要听到债务人说的情况与自己掌握的情况不符，就很着急。要先听他讲完，听清楚相关情况，然后再看如何施压。

[例 15－4] 我们打电话催收时，债务人吕某说：“我爸生病了，我在医院照顾我爸爸，这都是被你们逼的。”债务人做生意欠了不少钱，但他父亲把上海的一个房产以 320 万元卖掉了，扣除房屋的抵押借款 150 万元后，还有剩余 170 万元。他做生意赚不到钱，把父母一辈子的积蓄都输了，这次他父亲气得住院，他就责怪我们。我反驳说：“你爸生病不是我们造成的，是你自己造成的，因为你不是

第一次向你爸要钱了，之前你老婆赌博输了几百万元，你也是向你爸要钱。是因为你一而再、再而三地向你爸爸要钱，你爸爸才病倒了。你自己搞清楚了，要怪的话，只能怪你自己埋的雷。”

（6）熟练运用声音技巧。电话催收时，可以通过声音的技巧，如提高嗓门或压低声音，给对方施压。通过声音的变化，给债务人留下深刻印象。

［例 15－5］几年以前我给一个客户打电话，我大概有两年没有和他联系了，我知道他最近的生意比较好，就去他公司，但他那时正好在法国旅游。他一听到我的声音，就知道我是谁，要干什么。我第一次给他打电话时，他也是抵赖，我就和他翻脸了，在电话沟通时我的声音就比较大，所以他记得我第一次给他打电话的情形。

（7）掌握打电话的频率。如果是新手打电话，由于不是很熟练，在电话前要把要点列好，并掌握打电话的频率和次数。有的债务人，打电话沟通得多是有益的，但有时催得紧却会起反作用。所以要辨别哪些债务人要多打电话，哪些要少打。一般地，对于经常逾期的债务人，要多打电话，如 15 号打一个，20 号、25 号各打一个，不断督促。

（8）完美地结束通话。是否结束通话以及如何结束通话，主要是看打电话的目的。如打电话的目的是提醒债务人：“我怎么发现你这次的房贷没有还进来?”为什么，是什么情况，如果打电话了解了，也达到了提醒的目的，就可以挂电话了。有时打电话，也仅是了解一下债务人的情况。如：“有几个月没有联系了，最近怎么样?”

他说："最近身体不好，在老家看病，现在真的是没有什么钱，女儿也搬到了上海浦东郊区了。"我也没有施压，因为此次电话的目的主要是了解一下他的情况。有时打电话是下最后通牒。如："今天是我最后一次给你打电话了。上次说好的时间，你一分钱也没有到位。如果今天再不还款，我就委托催收团队了。"还有是为了约定后续跟进的时间。比如债务人说他要再考虑考虑，下周一先还30万元。为了保险起见，债权人或催收人员要在几天之内再和债务人沟通一下，也不用太急，就是一个电话回访。

（9）电话沟通失败。有的债务人很强硬："我没有钱！随便你怎么样！"或者是："我欠银行的钱凭什么要你来要！"这种情况下，就需要说明是按照银行的意愿给债务人打这个电话，该说的都说清楚，不需要和他讲很多了。

二、信函催收有理有据

现实中，除了电话催收、上门催收、打官司，也可以用信函、短信的方式催收，或者写起诉状、催收函。

信函催收时，最主要的就是内容要简洁清晰，可读性高，重点突出，特别是举报信，最多就500到1 500字，意思表达清楚、便于理解就可以。

之所以用短信的方式帮助客户催收，而且短信催收方式也会运用得比较多，大多是因为有时候打电话给债务人，打过去时他不接电话，有可能是债务人不方便，也有可能是恶意回避。如果几次电话沟通都没实现，债务人老是不接电话，再打也没有意思了，这时就可以给他发短信，把催收意思和诉求告知他。

[例 15－6] 债务人史某属于打了很多次电话都不接的情况，我就给他发短信。大家可以参考如下格式和内容："史总您好，我受某某公司委托向您催收欠款。我对您的情况进行了充分调查与了解，也知道您现在的经济情况不好，但任何事情总要有个态度和诚意，不接电话而是去逃避，这不是办法，希望您及时与我联系，大事化小，妥善处理此事。楼先生。"

第一条短信你要告诉债务人，我受何人委托，目的是什么。还要告诉他，你对他的情况已经做了充分调查和了解，你可能并不是完全掌握情况，但也要吓唬他一下。然后也要给债务人一个台阶，指出不接电话就是逃避，而逃避不是办法，虽然债务人经济状况肯定不好，还不了钱，但是希望他拿出诚意和态度能及时沟通和合理解决这件事。这是比较温和的短信，是要把情况讲清楚。这条短信发给债务人以后，如果 24 小时之内没有收到回复，说明债务人没有把这条短信当回事的，这时就需要发第二条。

第二条短信是升级版，所以压力要加大一点。短信编辑时，直呼其名："史某某，你什么意思？我知道你现在住在上海 XX 区。我也是上海人，找到你也是迟早的事情。但我找到你和你自己出来见面是两回事。你好好考虑一下，别错失良机，再不出来见面，我将走法律程序，申请法院对你布控，到时的结果就是拘留了。"这个业务中，债权人提供的资料有债务人老婆的电话，我搜了一下后者的电话号码，地址显示上海静安区，应该来说要么是工作在静安区，要么住在静安区。

债务人是浙江人，在当地的企业倒闭后就跑上海来做家具生意。所以我就跟他表达：你在静安区我是知道的？然后告诉他我是上海当地人，不是浙江的，找到他是迟早的事情。所以这个短信所要表达的力度是不一样的。

另外，短信也通知债务人，如果再不见面，就要申请法院布控，到时候直接拘留他。浙江是最早有法院联网布控的，失信被执行人只要在浙江地区使用身份证，马上就会有人来抓你。现在更方便了，人脸识别让通缉犯无处可逃。

[例 15 -7] 债务人刘某是做木材生意的，手里有一些库存的地板，本来 2018 年年前债务人与债权人双方协商把库存地板卖掉。但后来债务人要以这些库存向银行申请一笔贷款，债权人也就同意了。

但到了 2019 年初贷款还是没办下来，债权人就想要处理库存，这时候我就让债权人将我们事先编辑好的短信转发给债务人。第一条："年前那些库存，现在办银行贷款用不上，我们过几天来拉走吧。"然后他回复："先别动，再等我几天，我给你一个说法，到时候再定。"说明债务人的态度变化很大，年前答应好的处理库存，现在说要等几天再给个说法。

然后我又给他一个回复："你自己说银行办贷款用不上了，为什么库存还不能动？这可不是我们不配合你。”然后债务人说：“你就先等几天，我再协调，行不行?”我回复：“好，就等到这个周五，下周一再处理。”这个短信的目的就是给债务人限定时间，如给债务人一周的时间。这些短信也是由债权人发给债务人的。

债权人在编辑短信后，在最后面加了一个“如何?”没想到债务人收到后回复：“不如何，等信吧!”债权人就很气愤，并把截屏给我一看，我就责问他，谁叫你加一个“如何”，还加一个“?”，这样短信就变成了和债务人商量的口气。原短信就是明确告诉债务人下周一去处理，就是逼着下周一一定要办理，让债务人做好准备，而不是跟他商量。

这种情况下，该说的该商量的都讲清楚了，该给的时间也给了，必须执行了，完全不需要再商量，更不需要带着商量的口气发信息，“如何”这两个字不仅没有必要，而且是错误的行为。我让债务人再发一条：“别磨叽了。就下周一！再说你需要的时间都给足了。”信息发过去后，债务人也没给他回复。债权人问我怎么办？我很坚决地告诉他，周一派三辆车到债务人厂里拉货。债权人又担心了，现在他自己资金紧张，万一不同意拉货，三辆车不是白跑了？债权人现在还在乎这点钱，这些木材值多少钱，200 万元。车费才多少钱?几千元一辆。我让债权人先把车派过去，他不让拉再想办法，但债权人的态度和决心要明晰。

后来债权人听我的，周一上午派了三辆车过去，债务人也同意，三天时间全部拉走处理掉了。所以短信催收中的措辞很重要，哪怕是一个标点符号所表达的态度、决心、意思和力度都是不一样的。

三、上门催收进退有序

上门催收，对我们来说是最需要学习的催收方式，因为实际工作中，很多的案件都是上门催收的。上门催收也是比较有压力的一种催收方式。后面会有十几个案例来跟大家来分享。

上门催收的好处：

- 通过上门方式让债务人感受到债权人收回欠款的决心，施加压力。
- 获取债务人的真实信息。
- 通过与债务人的沟通获取逾期的真实原因并针对性施压。
- 在向债务人催收过程中获得有效信息，作为诉讼催收中的呈堂证供。

施压，是要引起债务人高度重视。通过上门的方式让债务人感受到债权人及催收人员收回欠款的态度和决心。如果不上门找，债务人可能不当一回事，一旦上门了以后他可能就非常重视。

获取债务人真实的信息。有些信息你只有上门以后才能了解到，耳听为虚，眼见为实，到底债务人现在的经营状况怎么样，住的房屋好不好，地理位置如何，办公室是不是还有员工工作等，只有通过上门以后，才能真实地了解到。

［**例 15－8**］2002 年 5 月，我们去催收一笔金额 500 万元的债

务。债务人是一个老年人，60 多岁了，借了 500 万元，当初说好了 2 个月要还，但后面没有如期还款，他约债权人见面，想商谈一下能不能再宽限 2 个月。那天晚上谈判结束后，债权人和我们跟着他，看他到底住在哪里？虽然刚才谈判时已经同意这笔借款再延 2 个月，但如果债务人还没有按时还款，债权人也能在第一时间找到他，上门催收。债务人工作很忙，从浦西一直开到浦东，再从浦东开回浦西，见了好几个客户。债务人到家时已经是凌晨两点了，他住在上海古北地区的程家桥路。当时，该地区还没有开发好，属于比较偏僻和相对落后的一个区域。所以，债务人住的房屋在当时来说也很一般。借这么多的钱，住的房屋也就价值 20 万元左右，我们判断债务人没钱，资金很紧张。果不其然，两个月以后他又逾期。逾期后第一时间我们就准备上门去找他要这笔钱了。月初某天早上 7 点我们在小区的门口等他。债务人出来，我和另外一个同事叫住了他，这时他非常紧张，没想到我们反映速度这么快，逾期了一天，我们就找上门了。债务人感觉到了很大压力，他让我们去他的厂里谈，我们让他坐我们的车一起去，他说不用了，不敢坐我们的车，自己打车去工厂。

到了厂里，继续商谈还款的事，当天约定好 15 天以后还 500 万元。债务人看我们盯得紧还是比较重视的，后来东拼西凑 15 天之内如约还清了 500 万元。之后没过几个月，债务人就被抓了，最终判了十几年。

[例 15 -9] 债务人甲在浙江宁波地区对外欠了很多信贷公司的钱，法院诉讼大概有四五千万元。他把名下一个工厂转给了他的一个亲戚乙。因为他欠款，名下不能有资产，于是他转给他亲戚，让他亲戚做法人。后来我们想："他把这个厂转给他亲戚，是不是他名下还有什么资产也可能会转给他的亲戚?"后来我们到工商局调了甲亲戚的身份证，又在网上一查，查到了这个身份证信息在上海也注册了一家 P2P 公司。知道这个信息以后，我们先去调查，看这家公司是否在经营？经营得怎么样？规模如何？是不是我们要找的这个债务人对其实际控制?

我们去了以后发现这家 P2P 公司在上海嘉定区。嘉定区是上海比较偏的一个区，甲开了 6 个门店，每个门店规模不大，大概有十几到二十平方米。每个门店有两个人，还有一个总部。我们还问了他们店里的那些销售人员。有一个老太太接待我们，她说："我就住在公司楼上，我在这个公司也存了 60 万元。我们老板说了，拿了我们这个钱去投资宁波一个 4S 店。如果你存 100 万元以上，我们老板可以做个人连带担保责任，到时候我通知甲（我们要找的债务人），马上让他出来，跟你们见面。"

甲就住在上海嘉定区，名下有 6 个店，他基本上每天上午都会去公司，这是我们了解到的大致情况。

我们觉得甲是有还款能力的。后来我们就派催收人员去催了。催的时候，我就跟他们布置如下：

你们去的话，就说三句话，钱就能拿得到。准备一些资料，然后就说三句话。具体怎么做呢？首先，你把他所有宁波地区法院欠款记录、法院判决书打印出来，然后做成一沓粘贴纸带着。见面时说："我是代表某某公司，跟你要钱的，你欠我们260万元，你必须要还钱。"

第二步，如果债务人不还钱，将怎么做？"那就把打印出来的一沓法院判决书贴到你6个门店上。我贴上去的话，你看看谁还会来存钱？老百姓肯定不会来存钱，不仅不会存，老百姓还会到你这里拿钱，马上赎回之前在你这里存的钱。"

第三步，我把相关情况告诉你的员工，员工肯定也要跑路，这样的话，更不利。

这样跟他说，给他的压力足够大，如果这个钱不还，他要付出很大的代价。

甲："我肯定会还。这样吧，你叫我一次性拿260万元肯定还不出，而且现在也刚刚过完年，老百姓也不会来存钱，我手头没那么多资产。我每个月还30万元，9个月还清怎么样？"

我们决定，绝对不能接受分期付款，但可以打点折扣。

因为260万元叫甲一次性还，他目前没有这个还款能力，那我们就给他打个折扣。甲要求在原先260万元的基础上打折。经过一番讨价还价后确定还160万元，一次性付清。我们同意了这个方案。因为我们觉得时间拖得长了，这个P2P公司说不定过几个月就倒闭了，对我们不利，一次性拿160万元是最好的方案。

后来他当天给了50万元，后面陆陆续续地还，两个星期之内，就把这个钱补齐了，手续也都办完了，欠款全部解决。

所以这个案例就是，我们获取债务人真实的信息之后，对其施加压力，并且是有目标、有针对性地施压。他怕什么，我们就做什么。他就怕我们把他外边欠款的事实告诉别人，我如果这样告诉别人的话，人家就不存款了，这样一来带给他的压力非常大，这是他最怕的东西。如果把这个信息告诉公安局，公安局肯定会来查他，他也怕。所以针对性的施压调查以后，很好地催收了这笔钱。

之后没两个月，上海开始严查 P2P 公司，他这个公司真的倒闭了，还好我们催收及时，果断打折一次性了结。否则就会损失更多。

四、诉讼催收有法可依

（一）打官司的要点

很多人面对欠款逾期时，想到的最好的解决办法就是打官司。但实际上，有很多案件是打了官司也没用。因此，在用诉讼这种方式进行催收之前，需要好好考虑下面这三个问题：

- 是否需要诉讼？
- 何时进行诉讼？
- 如何进行诉讼？

是否需要诉讼，要根据案件的情况而定。如果债务人 100 万元不还，没有什么其他的诉讼记录，外债记录不多，有正常的工作，名下也有些资产，这个情况下可以选择打官司，限制他高消费，给他出行造成困难，限制他乘坐高铁和飞机。冻结他名下车子、房子、公司股份，后面拿回钱的成功率就高。

债务人名下有资产的话，可以先行查封其资产，万一债务人想要逃避债务，会先把资产变卖了或者是处置了，再打官司就查封不到他的任何资产。

如果债务人外债比较多，其他债权人在与他打官司，如果启动程序晚了，其他债权人先行查封了债务人的资产，那就处于不太有利的位置。因为债务人是企业的话其资产拍卖先行是第一查封人，谁先打官司谁先查封谁先分到钱，然后才是第二、第三、第四、第五这样排下来。如债务人只有 200 万元资产，第一个人债权人打官司标的金额是 150 万元，第二个债权人有可能标的金额是 200 万元，那债务人的资产只值 200 万元，第一个人拿走 150 万元，第二个人只拿到 50 万元，第三、第四个债权人就没有了，这是先来后到的原则，所以企业债务人如果有资产的话，尽量早一点起诉并查封他的资产。债务人是个人的话，那资产拍卖是按债务金额比例平均分配，没有先来后到之分。但先行查封人有优先处置权。

有的债务人名下没有什么资产，外债也很多，已经是法院失信被执行人了，跟这种人打官司其实没有什么意义，他已经是在失信黑名单上了，打官司对他造不成什么影响，而且你自己还要花费时间、精力、律师费、诉讼费等，反倒耗费很多的成本。

[例 15 - 10] 某租赁房屋的纠纷，租赁公司老板是一个“90 后”，答应两个月之内赔偿张某 1.6 万元，结果没有赔。张某说要写

一个起诉状，到法院起诉，限制他高消费，把他拉入黑名单。我建议张某在打官司之前先查一下这个租赁公司和该老板个人外债记录，如果已经上了黑名单，打官司就没有必要了。后来，在法院执行网上一查，不得了，这个租赁公司仅法院诉讼的案件就有700多个，而且都是刚刚发生的，说明有可能上年这个公司还好，但今年债务的问题集中爆发了，有700多个诉讼记录，“90后”的老板个人也已经上了失信黑名单了，有50多个诉讼。最后我建议这个官司不要打，告租赁公司没用，告个人也没用，还是放弃，别做无用功。

打完官司，拿到判决书以后就开始要求对方履行，一般是5～15天之内的期限，如果债务人没履行，就立刻去法院申请执行，拿着判决到执行庭申请执行。现在执行法官手上的案件都是很多的，如果不去盯执行法官，执行法官或者会因为工作太忙了而忽略你的案件，所以自己要盯得紧。

有一个老朋友咨询我，别人欠他十几万元，打了官司以后，但执行力度不太大，也没有什么效果。我说：“反正你已经退休了，平时你没事情的话就去执行庭多跑跑，跟法官多沟通沟通，而且这个债务人是上海人，48岁，还在工作，虽然他名下没资产，但是他拒不履行，你可以向法院申请拘留他一次，拘留应该来说会给他造成很大压力。”这个朋友说法官不一定有空，我说：“不管法官有没有空，反正每周有一次执行法官的接待日，你每次都去，给法官留个好印象，让法官给你帮忙，拘留他一次。”他就按照我的方法，每周都去找法官，跟法官还聊得不错，后来法官就直接找到债务人的家里，通知他到法院来协调。当天协调过程中，这个债务人还是说没钱，法官当场给他拘留了，拘留了 5 天以后，债务人家里人坐不住了，70 多岁的老母亲主动给这个朋友打电话，约他到法院里去谈，说先给 12 万元，月底还有 5 万补齐。这样，债务人的母亲出 17 万元了结了这个事情。

所以，上了失信黑名单以后，要让法院去盯紧债务人，执行到位，因为现在有拒不执行可以拘留的措施。盯紧法院，把所有执行措施用足，这个官司打了是值得的，打了是有用的。

（二）法院最新的执行措施案例

目前法院也根据实际的情况不断推出一些执行的措施来严厉打击这些老赖。

[例 15－11] 某年 7 月，浙江诸暨地区执行了一套豪宅，为让这套豪宅强制腾房，法院当天出动了 100 名警力、16 辆警车，联合公安、120 急救中心、消防等部门一起来强制腾房。这个老赖欠了 3 500 多万元，13 年了都没有还，而且不肯搬离这个豪宅，导致法院不能拍卖。之前这个老赖还威胁法官："你们要来腾房我就自杀。"甚至拿刀架在自己脖子上。这一次她更加恶劣，把她 90 多岁的叔叔请到了自己家里来住，她想有老人住法院不敢怎么样。法官跟她叔叔做思想工作，最终她叔叔被担架抬出了豪宅，还接了氧气瓶。这次是全网直播，有 50 万人观看清房过程。

［例 15－12］某年 1 月 7 日北京市东城区人民法院发出一个限制消费令，针对北京××房地产有限公司，限制该公司法定代表人、主要负责人、影响债务履行的直接负责人、实际控制人，不得实施一些高消费行为。以前公司欠款，很少有限制法人、主要负责人，更别说影响债务履行的直接负责人、实际控制人，现在却不同了。以后遇到公司官司时，就可以要求法院限制这一类人，特别是限制实际控制人。

［例 15－13］某年 3 月 5 日，明星叶某，在其微博上发了一封道歉信。事情源于 2 月她正好要从北京出境，但被限制出境了，原因是欠上海一个女孩 8 万元没还。叶某和这个上海女孩打官司，并输掉了官司，要赔付这个女孩 8 万元。结果叶某不当回事情，没有履行。法院就限制她出境，她还不知道，2 月底出国的时候就出不去了。所以她 3 月 5 日发了声明，还特地跑到上海法院写了道歉信，付清 8 万元，金额算是很小的，但因没有赔付就不能出境了，还可能被拘留，说明现在的法制环境更加注重对信誉或信用的维护与重视。

［例 15－14］某年 6 月，浙江宁海地区一个年轻的女老赖，去看复联 4，看电影时她在某音平台上发一个短视频——她在看电影，还发了座位号。结果这个视频发出去以后，正好被债权人看见，马上就把这个信息告诉法官。执行法官很快找到电影院，找到她的座

位号，当场就把她带走了，她欠了15万元，当天还了2万元，还有13万元没有钱还，结果拘留了，拘留出来了以后继续还钱。

［例15－15］福建同安法院2018年7月推出“执行110”，遇到老赖可以打“110”处置，特别是发现老赖的话马上联系“执行110”，法警会在最快的时间赶到相应地点拘留老赖。

［例15－16］上海某纸业公司申请执行上海某商务有限公司买卖合同纠纷一案中，被执行人公司法定代表人邹某先是冒用他人名义注册公司并抽逃注册资金，随后以其妻子与其父亲名义开办的关联公司，对已查封的机器提出案外人异议等方式逃避执行。黔驴技穷后，直接玩起了“失踪”。法院通过依法审查并驳回异议，追加邹某为被执行人并适时对其采取限制出境措施。不久，邹某在浦东机场出境前被拦截。鉴于邹某上述种种妄图逃避执行的行为，法院依法对其司法拘留。在多种强制执行措施并用下，邹某逃避执行的企图落空了，他不得不归还欠款。

［例15－17］2019年9月，一个上海老赖欠款60万未还，法官通过抖音发现他生病住在医院里，找到他后约定过几天商谈还款计划，没想到他第二天就离开医院逃走了。之前法官一直寻找线索，通过三个月的努力在他家里的床底下找到了他。

（三）拒不执行判决，民事转刑事

债务人拒不执行判决、裁定，将来就要吃官司，由民事转为刑事。

[例 15－18] 拒绝腾空房屋。官司判定后强制执行，债权人让他搬离房屋，他拒不腾空，不肯搬，然后法官就给他开拘票拘留 15 日，释放以后他执意要住在这个房屋里，不肯搬，还撕毁了法院张贴的公告，更严重的是还把房屋重新装修了一下。该案件最终移送给公安局，公安局以拒不执行裁定罪判处其有期徒刑 7 个月，还算是从轻处罚，因为他事后自己也把房屋腾空了。

[例 15－19] 拒不履行判决义务，殴打、侮辱、执行人员。判决后债务人不履行，拒绝申报财产，执行人员传唤他去法院时和执行人员发生肢体冲突，有侮辱和掐执行人员脖子这些行为，当日依法决定将其拘留 15 日。拘留后又移送公安机关侦查，侦查后他还不履行债务，继续不还钱，最终判了 6 个月。

[例 15－20] 未如实申报财产，以协议离婚转移隐匿资产。债权人申请强制执行王某和其公司财产，因为个人和公司无财产，本次执行终止。债权人又提供了其他财产的线索，然后恢复执行，查封了该公司在工地上出租的塔机设备，并冻结了租金收益，同时电话传唤王某，人不到庭法院申请布控准备拘留，并移交公安机关侦

查。公安机关侦查以后发现王某有消费和取现的行为，同时通过隐藏设备出租，即借用他人名义对外秘密收取租金。另外，以协议离婚的方式转移隐匿财产。最终，被判两年半有期徒刑。

［例 15－21］ 非法处置查封的财产。2016 年 6 月，邵某起诉兰某借款 15 万元，并查封其厂房及工厂内的机械设备，同年 9 月法院判决生效并强制执行，但发现设备被以 5 万元的价格转让，厂房也被转让了，所得的款项全部支付了其他借款，卖掉以后款项并没有给邵某。后来公安机关介入，2018 年 7 月 24 日兰某被抓，获刑 6 个月，非法处置了查封的财产，查封的财产不能用于其他，不能非法处置。

［例 15－22］ 无偿或者低价转让财产导致判决无法执行。2014 年判决生效后王某夫妻未履行，并将宅基地的使用权转让未成年女儿，2016 年 2 月无偿将房屋登记在女儿的名下，2016 年 3 月将奥迪车以明显低于市场价格转让，后来法院发现以后判决撤销该转让行为。王某觉得转让不行又将车辆隐藏起来，拒不交出。2016 年 5 月公安机关对王某夫妇采取强制措施，然后他们的亲属才将车子上交法院，最后法院判处其有期徒刑 9 个月。

［例 15－23］ 利用他人名义随意分拆补偿款。债务人何某 2010 年欠款 150 万元，但他名下有一些财产没有申报。2012 年 8 月到 10

月获得房屋拆迁款60万元，没有申报，其中10万元让他的朋友张某帮他取现，50万元分两次转入张某账户，导致之前的判决无法去执行。2018年9月何某被公安机关抓获，自愿认罪判了1年3个月。

[例15－24] 转移财产擅自将收入作为它用。2017年8月1日判决生效，戴某故意隐藏工厂两台机器价值2万元，转移至其前妻梁某所注册的新公司，实际上是戴某继续生产经营。其所得收入10万元没有支付欠款，后来移交公安机关处置。2018年6月，戴某被刑事拘留，6月底戴某支付了60万元欠款，偿还债务人的欠款，获得了债权人的谅解，并出据谅解书，轻判了9个月。

如果债权人在执行过程中发现债务人有以上这些拒不执行的行为或者说拒不执行判决的情况，可以民事转刑事，移交公安局。

第十六讲
应收账款催收必须坚守的七大原则

一、时间

时间就是金钱，不能等待。等待是不会收回欠款的，等着等着就什么都没有了。

[例 16－1] 某债务人本来说好在过年之前还 320 万元，但到期他却说给不了，能不能再等三个月。我就说坚决不可以。年底资金相对紧张，真没有 320 万元，给 200 万也可以，但是一分不给，就坚决不行，谈也不用谈。要求债务人尽快想办法，绝对不能少，这就是“时间限定”。

二、技术

技术，就是要通过各种合理、合法的方式找到债务人，并与之建立联系。很多债务人失踪了，但是只要能找到他，就有讨回的希望。而且哪个债权人先找到他，谁就可能先收到欠款。寻找债务人也需要一些技术和技巧，本书后面会讲一些案例。

三、压力

这里的压力，是指给债务人施压，找到债务人弱点，并进行合理的提示、警示和催收。

债务人的弱点在哪里？大多数债务人的弱点就是不想让别人知道他在外面有欠款，这就是最好的施压点。如果拿准这个施压点，债务人在其能力范围之内就能把欠款还上。

四、及时

不要无原则地等待。

什么叫及时？什么叫不要无原则地等待？很多人都说，我等了一两年，欠债的天天说好话，说这个月还下个月还，一直等，一直没还。那我说，他一分钱不还，你就不要去等待。他欠你 100 万元，每个月还几万元，两万元也好，三万元也好，陆陆续续在还的，可以等。一分钱都没有还的还在等待就称为无原则等待。

五、渐进

友善而递进地催收，谋定而后动。

催收时要想好第一步、第二步、第三步……有可能做到了第二步、第三步的时候就成功了，但第四步、第五步也要想好。走到第四步、第五步也没成功，也没有办法。但要把这个催收流程走好。就像前面的案子，我上门催收时，告知他我未来三个催收手段，首先我把资料贴在你门店上，然后请经侦备案，最后告诉你的老员工，其实我一步都没做，他就还钱了，但是这三步要事先想好。

六、分类

近几年来经济形势不景气，导致一些信贷机构的逾期案件比较多，逾期案件发生了之后不知道如何去做，该怎么做，也不知道什么案件先做，什么案件后做，没有一个很好的催款思路，缺乏经验。

［例 16－2］，某小贷公司，注册资金 2 亿元，开业三年，经营状况不是很好。这家公司逾期案件总金额多达 1.2 亿元。公司的 10 个股东心急如焚，于是请我去分析一下公司这些逾期案件的情况，做一个准确的评判。

我统计了一下，公司逾期案件62个，总金额为1.2亿元。我把这些案件资料全部拿回来，用一个月的时间把每个案件都仔细地研究一遍，并对发现的问题进一步调查、询问。经过我们团队认真研究分析，把这62个逾期案件分为三类。

第一类叫"癌症早期案件"，涉及金额大概3 000万元，由公司自己的员工催收只要盯得紧，催得紧，基本上90%以上都可以收回。而且这3 000万元贷款中有抵押物的占70%，抵押物的价值相对较高。

第二类叫"癌症中期案件"，大概有26个，涉及金额是6 000万元，其中有13个案件的债务人找不到，处于失联状态。这些案件要先找到债务人，了解其还款意愿和还款能力，而找人也需要一些技术，所以建议就交给我们公司来做。第二类案件中涉及的抵押物质量也不是很好，抵押价值只有2 000多万元，约占1/3，而且有些抵押物明显还不足值。这6 000万元贷款，催收做得好也只能拿回60%，约3 600万元，做得差一点大概可以拿回2 000万元。这类贷款中有些债务人有外债记录。如有的债务人欠200万元，其他诉讼记录已经有一两个。

第三类是"癌症晚期案件"，涉及金额3 000万元。这些债务人的外债记录很多，有的欠该公司500万元，但他的外债已经是10亿元，基本上没有什么抵押物。其中一个债务人欠款500万元，公司员工找到该债务人的孩子，孩子工作很一般，待遇也不高，月工资仅五六千元。而债务人作为父亲根本不管孩子，平时也几乎不联系，后来这个孩子还不错，替父亲还了3万元。但孩子一年的工资加起来才六七万元，基本没有还500万元的能力。我建议这一部分案件，暂时先放一放。因为，即使目前阶段花了很多时间、精力、人力、物力去催，也极有可能一分钱都催不到。只能给债务人一点时间，有可能过一两年，债务人做别的生意翻身了，或者抵押物又有一些升值了，可以变卖了。

如前所述，催收前必须先分类。在实际催收过程中，也一定要认清楚自己案件的情况，什么案件先做，什么案件后做，什么案件暂时性放弃。

七、记录

提高效率，反映成果。

每次催收工作结束以后，都要总结记录一下，本次催收成功的关键是什么？或者本次收不回来款的原因是什么？有没有值得借鉴的技巧……认真总结之后，汇总之前催收的成果，提高下次催收的效率。

另外，债务人所说的每一句话都要认真记录下来。比如还款来源，你可以在不同时间、不同地点反复问，看看债务人的说法是否前后一致，从而判断真实性。

［例16－3］某债务人欠款6 000万元没还，居然还给他儿媳买了一辆宾利跑车。后来我们去问他，他刚开始的时候说儿媳自己在

网上卖衣服挣钱买的；过了一两个小时后又说是去年儿媳生了第二个孙子所以奖励她的；最后又说没买，准备买。你看他就这几个小时的时间居然说了三个不同情况。由此判断车肯定是债务人出钱买的。

第十七讲
调查、查找失联债务人的诀窍

一、调查

（1）调查债务人个人背景，以及其名下固定资产、负债状况。

（2）调查债务人企业经营状况、公司场地、股权、资产及销售状况。

经营状况，一定要实地了解，不要听信一面之词，一定要去看。就像前面谈到的案例，债务人说开饭店不用付租金、免装修费，还说生意很火。只有实地考察了以后才知道，他只能做午餐，晚上没生意，周末也没生意。所以这个就是实地了解得出来的。

二、查找

通过各种渠道获取债务人的位置信息：

（1）小区的物业、保安。要到公司或者小区找债务人，应该问谁？要找人的话，应该先去问保安。保安有可能记人记不清楚，但记车牌号会记得很清楚。

（2）居委会。

（3）邻居。

（4）公司员工、同事。

（5）其他技术手段。

［例 17－1］ 某债务人公司在杭州，我们有地址，跑过去一看，这家公司连门牌都没有。以前去的时候是有的，都会有一个 LOGO。现在什么都没有。后来我们进去问，说是一年前就搬走了。那照这样的话，一般来说我们调查人员应该撤退了。但感觉这个公司有点问题，想再问仔细一点，于是就跑到物业去问。我们就跟物业说："前面 G 座那个公司，某某他今天不在，我们正好有一个快递给他，某某说了，交到物业，明天早上他会来收。"

如果物业能把这个快递收进来的话，那他肯定知道某某是在的，因为某某会去交物业费的。物业只要能够把快递收进来，就说明这个公司还在，只不过欠债太多，来讨债的人多，就把原来标志拆除并告知访客公司搬了，逃避债务人。如果说"不收"，说"没有这个人”，那肯定不在。所以问物业是最清楚的。

［例17－2］ 2018年我们去找一个债务人，去他家后感觉已经很久没居住了，打他电话是通的但从来不接。后来我们也是跑到物业去了解情况。物业经理说：“我们找他付物业费都找不到，打电话也是不接的。他这房屋是2016年初买的，付了2年物业费，所以现在要找他收今年的费用，如再过几个月还是找不到我们就要去告他了。”这个情况可以证明债务人不是逃避我们一家，是什么人都逃避。

去问物业，或者问居委会，问员工、同事……都可以了解有关情况。

还有，如果跑到这家公司的话，可以检查一下公司信箱。将信箱拉出来看一下，看一下里面有没有信件。如果说没什么信，说明经常有人来把信都取走了，人肯定还在；如果信箱里有很多信，说明人没在。3个月前的水电费账单都没付，那人肯定不在。如果里面干干净净，肯定有人去取。还可以看水电表是否运转。

从保安、物业等多方面去了解一个债务人，甚至一家企业，调查他在哪里居住哪里办公等很重要。

［例17－3］ 2013年7月，甲说乙欠他63.5万元贷款，以前跟他一起做鞋子的，两人也是朋友，关系挺好，认识时间蛮长了。现在这个人鞋子不做了，跑到上海去发展了，但乙还欠甲60多万元余款没有付。以下是场景对话：

我：“现在要催收这笔钱，第一个先找到乙，找不到乙，问谁去要这个钱?”

甲：“是啊。”

我：“找人也要线索，就像公安局破案一样，要有线索，那你现在能提供什么线索?”

甲：“现在能提供的信息就是乙的电话，电话是通的，但是熟悉的人接，不熟悉的人不接。还有就是乙的车和车牌号，他开一辆保时捷的车，但那保时捷的车是贷款买的。90 多万元的车，付了 30 万元，贷了 60 多万元。”

甲对乙住在哪里以及公司在哪里这些都不清楚，就只有这两条重要信息：车牌号和电话号码，除此之外还有个人照片。那我们又不是公安局，无法用手机定位或者车辆监控定位就能找到人。这些肯定是不能做的。那怎么办?

后来我就想到了，他不是说开保时捷的车吗? 并且只接熟悉的电话号码，陌生的电话不接。恰好我有个朋友丙也是开保时捷车，他那天正好要去做个保养。

我：“我跟你去一下，你帮我忙，就说你手机没电了，拿他们保时捷中心的固定电话，给我要找的债务人打个电话。”

后来我就让我朋友帮个忙用 4S 店座机打过去，打过去以后，他接了。因为这个电话他是熟悉的，全世界保时捷销售中心拨出去的号码最后三位都是“911”。“911” 车型是他们的主打产品。

我：“你好。我们是保时捷 4S 销售中心的工作人员，你上次在这边做保养，还满意吗？”

乙：“满意，做得蛮好的。”

我：“快到中秋节了，我们有一个客户回馈活动，抽奖活动，正好抽到你了，要给你赠送一份礼品，麻烦跟你核对一下地址，到时候我们会把礼品送上门。”

后来乙就提供了一个地址。我们让他再确认一下，并说：“明天上午10点，需要你本人签收，你那个时间点在吗？”

乙：“在的，在的。”

第二天上午我们就立马去找他了。他以为我们给他送礼物，他刚睡醒一开门，我们就把借条递给了他。他就大致一看。

我：“你看清楚了吧，我们不是来送礼物的，是来找你要钱的。”

乙：“看清楚了，知道知道。你们先坐吧，我去擦把脸。”

乙就把我们请进去坐。

乙：“哎呀，这个账我知道，欠了钱肯定是要还的。但是我现在经济状况不好，我外孙赌博输了100多万元，我还给他还了一点，我现在在济南做房地产众筹项目，两个星期在上海，两个星期在济南。我为什么借房屋到这里呢？因为离高铁站近，高铁3个半小时就到济南了。”

我：“你那辆车呢？”

乙：“车在济南，我回上海都不开车了。”

我们认为，乙车还在的话，可以把车给抵押过来。

乙：“这样吧，我中秋节前先还你们10万元。中秋节后给你们还10万元，然后9月、10月、11月、12月都还10万元，2013年底之前，把这个钱还清。”

后来我们觉得通过这样方式找到他以后，已经给了他很大压力，就同意了。我们想还有半个月就中秋节了，这个钱应该没什么大的问题。

我记得是那年的中秋节是9月14日，后来13日时候我给他打电话。

我：“你好。卡号已经发给你了，你这个钱什么时候打过来？”

乙：“我刚回到温州老家，这个钱我要去借，借到以后就还给你。”

这个话一说，我们催收人员就知道了，乙肯定是想赖账。当初说好的，他应该已经借好了，两个星期之内有足够时间去筹钱的，不应该在还钱的前一天才去借。到9月底的时候我们再给他打电话，他就不接了。后来他发信息给债权人，说他现在没钱，再怎么样，也没有钱，也不会给。

等我们再找到乙租的那个房屋时，乙已经搬走了。过完年以后，2014年年初，我给债权人打了电话。

我：“你能不能再提供一些信息？如果再能提供一些信息，我再动动脑筋，看看能不能把乙再找出来。不管钱要得到要不到，一定要把他找出来。”

甲提供信息，债务人喜欢去酒吧，可以找一个美女的头像，然后再加他微信，很可能会通过。之后如愿加上他微信。通过观察乙朋友圈动态，知道乙4月22日要到北京去看车展，机票都定好了，从杭州飞北京。随后我们就派了一个同事，跟着他中午飞北京，我们也买了同样的机票，跟他坐了同一架飞机。他来了3个人，他和两个朋友一起来了，我们的人一起跟他坐飞机飞到北京。然后我们北京这边派了四五个催收人员，在机场登机口等他。跟他表明身份以后，他吓一跳，很震惊这次怎么会在北京遇到。

我："你现在谈不谈?"

乙："谈啊谈啊，找个咖啡厅坐坐吧。"

后来乙那两个朋友也过来，他们问："发生了什么事情?"

我："他欠钱，你们要听吗？要听的话，要替他还钱的。"

乙对他的朋友们说："跟你们两个没关系，你们到酒店去等我吧。我这里谈好，没什么大的事情。谈好以后我自己回来，你们先回去。"

我："今天我们找到你，肯定不会让你走，一定要把钱还清。"

后来乙马上到农业银行打了19.5万元，他说63.5万元以前还过6万元了，还差57.5万元，当天马上一个小时之内就还了19.5万元。17点，他又从一个民生银行卡上打了30万元过来，那么还差8万元。

乙："我今天先回去，明天早上10点之前再给你们打7万元，那么还差1万元，这1万元等我两个星期后回到上海，你们把那个借条原件寄给我，我收到以后再给你们。"

后来这个事情就这样结束了。这个案例，我们通过两次找人以后，把这个钱全部收了回来。所以说，找人的技巧是我们催收工作中很重要的一个环节。

第十八讲
催收过程中的施压技巧

通过调查，将补充工作做好，有效施压，找到让债务人尽快还钱的方法。下面给大家介绍一些实际生活中比较常见，也行之有效的施压方法。

一、直接找老板施压

一定要找老板本人，因为有的公司外债比较多的情况下，会专门委派一个合适的人来挡债。如老板会说“这笔钱你找谁谁谁负责”，其实他不是来解决实际的问题，而是来挡债的。所以催收一定要找实际的负责人，即一定要找老板本人来催收，这样才会更有效地解决问题。

二、向其亲属通报其欠款事实，协助、督促其还款

有的债务告知他的家里人以后，家里人会给他很大压力，督促他还款。

[例18－1] 某乙债务人欠甲20万元，而且是用了房产证抵押的。当初甲还不愿意借给乙，觉得20万元的金额太小了。

乙："你借给我20万元，房产抵押办理的是40万元，如果我不还钱的话，就打官司变成了40万元。"

所以甲就借给了乙20万元，抵押手续都是办的40万元。没想到债务人乙借了以后没有还，过了大半年以后委托我们去催收。这个案件我觉得是比较好催的案例，联系方式和住址都可以找到。

我们去的时候因为是晚上了，乙妈妈和老婆都在，我们把这件事情告知了他妈妈和老婆，他老婆当场就哭了，说要离婚，他老妈也很着急。

我："你儿子不单是欠了20万元，而且是把房屋抵押给了我们，如果你不还钱的话，我们马上就要去执行你这个房屋了，到时候你们连房屋都没得住。而且当初借条是写的40万元，你现在还钱的话，就还是按照20万元加上10万元的利息，如果是你不配合还款的话，那以后打官司就是40万元了。"

后来两个星期不到，乙的老婆就主动和我们联系了，还了20万元的本金加上10万元的利息。我还夸奖乙找了一个好老婆会替他还

债。乙说："我老婆替我还这钱是有要求的，以后房产证上必须把她名字加上去，这样我就不能再随随便便把房屋拿出去抵押了。她出了30万元换半套房屋是很划算的。"

三、向其工作单位通报欠款事实，督促还款

对一些上班族的债务人来说，尤其是工作比较好、比较体面的债务人，可以去他的单位催收。债务人在外面欠款了，信誉不好，这样一来他在这里上班就不能担任相关的高级职务。信誉不好的人，他的考核和评定都要打折扣，通过单位的同事和领导给他压力，督促他还款。

[例18-2] 债务人欠50万元，他人失踪了。我们到了他女儿的单位去，因为他当初就说借这个钱是给他女儿结婚的，说结婚以后就还。我们去了以后，他女儿也觉得很没有面子。他女儿是日资企业的，老板看到我们经常去，对她的影响也不好。他女儿说："我还25万元，你们以后不要再来这里找我了，找我老爸去。25万元我代他还了。"

他女儿和他女婿还了25万元，还有25万元我们决定找该债务人去要。所以工作单位也是一个压力点。

四、通过当地公安系统协助，督促还款

很多人去要债，会碰到警察。警察在是好事，债务人是理亏的一方，毕竟他们才是“老赖”。

如果欠账的人报“110”，你没有违法，没有打架，警察来了以后，你就把身份证给警察看，资料给警察看，把事情的来龙去脉讲清楚了。讲清楚事实，他欠我们的钱，警察就会来帮我们。

[例 18－3] 债务人乙欠甲 400 万元。得知乙马上要去昆明了，我们就在机场把乙拦下了，不让他走。当时两个催收人员拉住了乙，不让他走。另一个催收人员把判决书给围观的旅客看。有的不知情的旅客还帮他说话，以为我们是坏人。“110”来了以后，我们也把判决书给警察看，并且说明了情况。我们告诉警察：“我们刚刚联系好法院，法院让我们马上把他带到派出所去。”后来我们到了机场的派出所协商解决问题。因此，和警察的沟通很重要。

[例 18－4] 上海虹桥机场，债务人丙打了“110”，警察来了。丙很无赖，睡在地上，非常泼辣。警察把她叫起来，说：“你不要耍无赖了，你当我没有见过啊？这里都有摄像头，人家催收的人是不可能去打你的。你今天碰到职业队的了，好好谈，欠人家的钱总是要还的。”丙一听到警察这样说也就没办法了。

五、必要时坚定地给出还款期限

在催收时，谈得差不多的时候，应该主动提出一个明确的还款期限。不要谈完了以后没有结果，一定要明确地给出结果，给出一个还款时间，把这个案件顺利地进行下去。

六、同意分期付款，但当天必须还首期款

如果说债务人欠 100 万元，要求分期付款，每一个月付 10 万元，10 个月还清，那是可以接受的。但是当天签了这个还款协议以后，必须要求债务人在当天把这 10 万元打过来，绝对不能拖，这是一个诚意的问题。如果第一笔分期还款就逾期的话，那后面的钱更会拖了！

七、不能在催收时谈生意

在催收时千万不能和债务人谈生意。

[例 18－5] 债务人："你放心好了，我欠你 200 万元也不多，以前大家都是朋友，我和你公司的合作也很多的，你不要着急嘛。这样，我和你再合作做一个生意，这个生意做好了以后不要说 200 万元了，200 万元不仅能还，还能赚好几百万元。"

这个生意千万不能和他做，万一生意做不成了，他欠的200万元也不还了。你可以顺势说："这个生意可以啊，先把200万元还了以后，我再和你做生意，钱没有还，不可能和你做生意。"

[例18-6] 债务人："我欠你们是100万元，人家欠我500万元，500万元你帮我去催一下，催了100万元还给你，还有400万元我们还可以分成。"

这当然不能去做了，除非是100万元还完以后，再帮他去要坏账，不然他没还清前债的话，再去帮他要后面的债，万一后面的要不到，他就会怪罪你，并找到不付前面100万元欠款的理由。所以我们必须一码归一码。

[例18-7] 催收人员甲向债务人要5万元。

债务人说："你要债没有出息的，你这么聪明，跟着我做工程吧，做工程有出息。"

甲想想也对，要债没出息，做工程有出息。

债务人说："我这周做工程正好要去北京出差，能不能借给我2万元差旅费，请领导吃饭，搞定这个领导以后，这个项目就下来了，到时候我们一起做。"

甲就把2万元钱借给了他，结果1个月以后，这个人失踪了。不但5万元没有还，还欠了甲2万元。

八、警惕讲话承诺都非常好但从来不还钱的债务人

我们在催收的过程中，会遇到各种不同的债务人，有的债务人甚至会和你吵架或者对骂，态度很不好，有分歧，想拖延等等，但争执归争执，最后他还是把钱还给你了。

但有些债务人承诺的都非常好，人也很客气，你去跟他要账他还请你吃饭，喝酒，说好话，但是钱他从来不还，话说得好，但是做不到。那这些客户其实是非常可恨的客户，前面的那种骂人吵架的我们俗称叫“硬刀子”，就是有什么事都和你放在表面和你去争论。

而这些态度好俗称“软刀子”的客户，看似客气但是他的客气是有目的的：就是赖账，这也是他的套路，讲话和承诺都非常的好，但钱从来不还，这种人最坏。

我的手机里有很多短信，都是这些软刀子客户发过来的：

“楼总，我如果不还钱全家死光。”

“楼总再给我最后的机会，不还钱随便你怎么样。”

“周一钱不还，出门被车撞死。”

“钱不还我不姓张了，改姓了。”

“楼总，你对我的大恩大德永远不忘。”我去催收他还说我对他是大恩大德，这个话我承受不起。

“你放心等我翻身了，不会忘记你，等我翻身了，我要回报你，

不仅本金还给你，利息我也要回报你的。”但是这种人翻得了身吗，怎么可能翻得了身？

还有的说“别人的钱不还，你的一定要还，你是在我最困难的时候帮助我的。”这个话说得多漂亮啊，那你还得出吗？你明明去借钱的时候，已经是穷困潦倒了，你已经是在欺骗我们的债权人了，初衷就是不怀好意了，这个钱你怎么还得出？

我在北方有一个客户，有个债务人欠他们6 000万元，这笔钱本来是这个客户一直盯着去要的，要了几年没有要到，现在交给了他的员工和他的儿子去要。

我们的债权人为什么要不到呢？他就是听好话，每次要账时债务人就请他吃饭、喝酒，基本每次喝一瓶茅台，债务人都是这一套话：“王大哥，你已经帮了我几年了，还差这几个月吗？你不帮我，这里还有谁帮我，这里当地做生意的都看着，如果我们闹翻了影响也不好，大哥你再帮帮我，我的生意马上就有起色了，就可以还你几千万”。

我们的债权人一听这个好话就心软了，毕竟这个债权人也将近70岁了，就比较好说话，再喝了一点酒以后，他也根本不去提这个几千万的事了，就这样子，每次忽悠他说好话，导致这个账在几年中一分钱也没有要到，目前这个债务人因为犯罪被举报抓到公安局刑事拘留，检察院已经批捕了，这笔账肯定是要不到了，而且他的量刑标准大概在十年以上，因为他有好几个罪名，都不是小事情。

所以我们在催收的过程中，一定要去分析哪一些人说真话，哪一些人说假话，特别是老赖债务人，特别能说会道，油嘴滑舌，欺骗性强。

九、防止被债务人带偏节奏

在催收的过程中，债务人肯定会说一些拒付理由，有些是正常的，有些就是想去影响催收的思路，让债权人或者催收人员跟着他的节奏走。债务人本来是没有道理的，但能言巧辩，能说会道，巧舌如簧，没道理也变得有道理了。这时催收人员要保持清醒的头脑，及时严肃地纠正债务人那些错误的说法，必须占领主场，让债务人跟着节奏走。

［**例 18－8**］某债务人郑某欠了 2 000 多万元，我们过去也经常见面，但是这两年因为疫情近期是第一次见面。见面时其中一个担保人张某说："我哥哥当初为了帮我，把自己的房屋抵押给你们，现在他去年刚有了个孩子，户口没有地方报。她哥哥也在旁边强调为什么房屋抵押给了你们了，却不让他报户口，你们是不是也很不地道。"

我说："这个问题你不要问我们，你去问你妹妹张某，因为你妹妹和债务人郑某当初一起约定了最低还款限额，每个月 20 万元，先还一年，结果还了 2 个月就没还了，是张某和郑某没有做到最低的承诺。"

这时他妹妹张某就跳起来说："当初我们就不应该把房屋拿出来做担保！"

我立刻就站起来反驳说："如果不是你们把这个房屋拿出来担保，我们早就起诉另外一个介绍人，也是一个担保人陆某了。你们拿了房屋作担保，但房屋只值400万元，离2 000万元差得远呢。陆某的房屋价值800万元，如果你们不担保，我们起诉陆某，至少800万元我们已经催收完成了。陆某的房屋在两年前就已经被别人拿走了，人家起诉在先，已经拿走了800万元的房产。而因为有你们这个担保，我们错失了起诉陆某最好的时机，我还要怪你呢。"我这么一说她也没话说了。

当时债务人郑某讲话头头是道，说他做任何的事都是有道有义，我立马就拍了桌子，指责他说："什么叫有道有义，你现在不要和我谈未来还款的情况，你现在和我有道有义地说一说，为什么你去年8月承诺的最低还款额度到现在还没有做到。当初你说99%是可以做到的，为什么没做到，你来有道有义地给我讲讲。欠了几千万元，还有什么脸面在这大谈有道有义。"

我们立刻就表明了态度和决心，这也是一个很强的施压点。债务人翻脸了，你阻止债务人的错误言论了，他觉得说不下去了，谎言就被揭穿了，这是一个成功谈判的基础。

[**例18－9**] 某债务人答应这周还300万元，周一我们去了，他说资金出了一些问题还不了。这个时候我提出："听说你在上海有一套小房屋的，能不能把这套小房屋卖了，因为近期上海的房价增长了15%。"当时他是答应的，说没问题，还把购房合同和钥匙拿出

来让我们看。

第二天我们又进一步向他落实房屋处理情况时，他又不愿意了，说老婆不同意。我说："你老婆怎么不同意了？你们赚钱时买房，亏钱了卖房还钱是很正常的。"债务人还冲我们发火，突然就站起来，说我们逼他卖房。我一看这个情况，也立马站起来，说："你欠钱就该还钱，还和我们发脾气是什么意思啊？"后来债务人服软，还给我们倒茶。所以在催收和谈判的关键点你一定要给债务人施压到位。

所以在催收的过程中，首先要去辨别，不要跟着债务人的思路走。一定要有自己的判断和想法，要和债务人斗智斗勇，及时纠正债务人错误的观点，跟着自己的节奏把催收工作进行下去。

综合我之前催收过程中的经验，话说得越好听的人，越是不会还钱。当债务人灌输一些错误的观念和思想时，催收人员要有意识立马纠正，原则问题不能退让，底线要站稳。为什么不给报户口，不是我们的责任，是你的责任，因为你最低的要求做不到。什么叫有道有义，你欠钱不还还怎么说有道义，原则的问题不能退让。

十、该狠时要狠，该让时要让

很多人在催收的时候，该狠的时候没有狠，错过了最好的催收时机，到后面你再要去怎么要狠都无济于事，该翻脸的时候你必须要翻脸，否则以后就没机会了！

另外要注意的是，很多人催收时做反了，该狠的时候不狠，该让利的时候不让利。有次我去债务人办公室，发现很多人在找他催收，有人天天在他办公室吃住，还砸他杯子，有用吗？没用！这种狠没用。那么，什么时候该"狠"，什么时候该"让"？

（一）该狠时要狠

［**例 18－10**］2002 年，债务人刘某借了 500 万元的信用贷款，说好 3 个月归还，后来他逾期了。逾期第二天一早七点我们就在小区门口把他堵住了，他感到压力非常大，逾期 1 天就被找上门了。后来他在十几天内就把这 500 万元还清了。又过了两个月，该债务人因为二级市场股票诈骗被公安局抓走了，判了十几年。如果当时我们不是狠下决心逾期第二天就去催收的话，很可能就追不回这个钱了。

［**例 18－11**］某债务人欠款几百万元，他说钱是替别人借的，我态度很严肃地对他说："我当时就是借给你的，白纸黑字是你写的，你送给别人，和我有什么关系。"他说："你怎么说翻脸就翻脸了。"我说："你不要说我，你就说你是还还是不还。"我的强硬态度让他感觉到压力，感觉到我这个人不是容易忽悠的，就会重视还款这个事情。

［**例 18－12**］电话催收 20 万元，债务人说这钱是之前工厂的事，跟他没有关系。我强调说："不管之前怎么样，反正最后是你签

字盖章的，你就要认。有就有，没有就没有，你痛痛快快给个爽气话，不要墨墨迹迹。你也是上海人，以前生意做得也不小，为了这20万元还扯来扯去，没有什么意思。”后来他妥协说能不能再给他一点时间，并保证了后面的还款。

［**例18－13**］债务人欠1 000万元的信用贷款，想拖到下个月还。我说：“如果这个月不还，立马翻脸去拿抵押物，因为债务人现在没有外债，青岛还有房屋，必须马上把这个房屋拿过来办抵押。”债权人还有点犹豫，怕面子不好看，因为这个债务人是他朋友介绍过来的。但债权人必须当机立断，万一以后出了问题，再想去拿抵押物可能都拿不到了。

因此，在逾期初期，在债务人外债还不多的时候，债权人的态度及催收手段，该狠则狠。不能想着退一步海阔天空。

（二）该让时要让

另一个催收要点是，该让利的时候也要让利，因为有的债务人是真的还款能力有限，这时就需要对债权快速打折处理，也是给债务人一个机会，让他有信心赚钱还款。

2016年、2017年我们承接了一些催收业务，债务人到上海做P2P业务，被我们找到了。之前他在外地欠的款，如果是300万元则直接对折只要还150万元，甚至有的欠200万只还80万元。之所以将欠款打折是为了更快拿回现金。因为这些债务人极有可能明天公司就倒闭了或者被公安局抓了。而这时候，拿到现金才是最重要的。如果债权人还犹犹豫豫，想着要本金和利息，最后可能一分钱都拿不到。

有些债务人已经上了失信黑名单，如果到法院打官司，耗费很多人力、物力、财力，最后还是拿不到钱。有一个债权人借出五六千万元，当时我就建议他打一点折扣早一点把钱收回来，或是拿债务人的房屋或者拿债务人的一块土地，但是债权人不愿意，希望拿回全部本金。最终钱还没要回，该债务人被公安局抓了。最起码是要判 15 年，现在债务人约 60 岁，15 年后 75 岁左右了，怎么还？他名下的资产也都是有银行贷款的，打官司也拿不到钱。当初如果打折拿回二三千万元还是可能的，现在一分钱都拿不到了。

十一、小额信贷催收三部曲

小额信贷现在非常普遍，金额基本在 1 万 ~5 万元。小金额的案件如何去催，应遵循“三步走”和“两大关键”原则。

“三步走”路径图：合法合规电催、巧上门、诉讼。

两大关键：成本与合规。

一般而言，小金额的案件，先电话催收，因为电话催收是速度最快、成本最低的。先打催收电话，打得通最好，打不通，根据后续情况再安排上门或者诉讼。

现在电话催收也管得非常严格，特别是疫情之下，很多小金额的案件非常难催。一些地区的银行现在已经不敢再做电催了，电催停了一年多了，因为受疫情以及经济的影响，只要打电话去催收，在催收过程中有一点违规的用语，债务人就会都去中国银保监会或当地银保监局投诉。所以电话催收合规非常重要。

小金额的案件，第一步先要合理合法有效的电催，这是第一步。

上门催收，相对电话来说成本就高了。要出门跑一趟，甚至还要跑好几趟才可能找到。还有可能债务人白天上班，晚上去才在。上门催收，要分析债务人工作的时间，判断是晚上去好还是周末去好，尽量别白跑。还要考虑将催收业务按地区分类，比如说今天去上门的客户都是在上海静安区的，这样集中起来可以多跑几家。如果真得需要上门催收，要先做一些简单的调查，可以在网站搜索一下相关信息，看看债务人居住地的物业电话、居委会电话、公司电话等，间接地确定债务人是不是在家或者在哪里。

这里介绍一个成本小但很有效的技巧，就是寄送催收函。如叫个顺丰快递，花 12 元寄个催收函。顺丰快递会送上门，这样可以判断是不是他本人签收的。如果是本人签收的，那债务人就是住在里面的；如果是不签收或者是退回，或者是家人签收的，说明债务人可能不住在里面。

小额信贷案件最后一步就是诉讼催收。法院的案子都特别多，所以一些特别小金额的案件，很多法院都拒绝。一些互联网法院也是设置额度的。因为对法院来说，不管是 1 万元的案件，还是 100 万元的案件，或者是 1 亿元的案件，其耗费的人力、物力的成本是一样的，但是法院的收费不一样，1 亿元的诉讼费要收 100 万元，1 万元的话就收几百元。

这个时候怎么办？第一要学会拆分。如债务人的公司经营地若是在浦东，可以先去浦东法院诉一批案件；如哪个地方给债务人汇钱的，或者是在哪里和债务人谈业务的，可以在事发地诉一批案件；也可以是户籍所在地，或者公司注册地。有些债权可分三个地方起诉，在案件数量上平均一下。

很多小金额欠款案件，建议走仲裁的流程，如 20 万元以下的，都可以考虑走仲裁的流程。

需要提醒的是，在签订借贷合同之前，需要花费 1 000 元左右做个备案。如果逾期不还款，仲裁就直接出判决书了，拿到判决书以后你就可以立马申请执行，不需要再打官司那么麻烦了。

第十九讲
催收必备法律常识

一、债务人、被执行人、失信被执行人、老赖如何认定?

目前很多人搞不清楚被执行人是什么，老赖是什么，下面我就把这四个关系跟大家聊一下。

第一个，债务人。什么叫债务人？债务人就是有欠款，有负债的，就是债务人。通俗点讲，就是欠别人钱的人，统称债务人。

第二个，被执行人。被执行人就是有债务，对方去法院起诉，官司判定对方赢了，那负有债务的人就是被执行人了。第一种情况中的债务人有债务，但还没有受到对方的起诉，没有官司。而被执行人，肯定是有官司的，并且官司已经定性了，那该债务人就是被执行人。被执行人在判决过程当中，也可能正在商谈是否归还以及如何归还。如果被执行人觉得判决有问题可以去申诉，这时他不会上失信名单。

第三，失信被执行人。如果上了被执行人名单，还是没有偿还能力，或在约定的时间内没有去归还欠款，就会上失信被执行人名单。上了失信被执行人名单后，就要被限制高消费，无法乘坐飞机、高铁。

第四，就是老赖，目前大多数人认为失信被执行人就是老赖。这其实还是要做区分。老赖的定义应该是有还款能力，但他不还。那么有的失信被执行人，他的确没有还款能力，是否把这类人划分为老赖还待商榷。

二、违约金，利息设定，借条的合法性

目前，最高人民法院规定，民间借贷利息调整为1年期银行间同业拆借中心每月20日发布的一年期利率（LPR）的4倍，按照这个算法目前利率为年息15.4%，与之前24%和36%为基准的两线三区的规定相比，大幅度降低了。利率、违约金、罚金等所有费用相加不得超过15.4%。但金融机构的利率还是按照之前的计算，这次未做改变。

第一是要借条，第二个是汇款凭证。现在法院打官司对借条合法性的认定很严格，因为现在民间借贷出现了很多的高利贷，很多人逼着债务人写借条。所以借条的合法性，在起诉的时候法院查得

比较严。只是写100万元的借条给借款人，你去打官司打不了。为什么会借给他这100万元，有没有流水，都需要提供证据。比如甲借钱给乙，甲要从自己的账户上打到乙的账户上100万元，然后乙写给甲借条，这样子才呈现出一个完整的借款关系的证据链。光凭一个借条你去法院打官司，超过10万元以上法院都不立案，没有合法性。因此，没有流水凭证就很难。100万元给现金，那你这个100万元是什么时候从银行取出来的？你没有银行的取款流水？你是去了什么银行取的100万元？因此，取款凭证也非常重要。

［例19－1］ 债权人甲的四张借条加起来3 200万元，借条上只写了还款时间，没有明确利息是多少。汇款凭证十几张，累计金额为1 400万元。债务人乙也有还款凭证，累计加起来500多万元。那这个案件到底怎么计算本金、利息呢？我们主张本金加利息3 200万元。因为之前甲汇款给乙1 400万元，但这钱借了都七八年了，所以连本带息是3 200万元。但债务人乙提出借款本金是1 400万元，当时没说要付利息，借款凭证上也没有写利息。而且借款人也还了本金500万元，还欠本金900万元，因此债务人只认这900万元的债务。至于那四张借条，是债权人甲逼迫借款人乙写的，不是他的真实意愿。之后法院通过双方的解释和相关资料的认定，作出如下判决：

1. 借款本金是1 400万元，之前还的500万元是支付这1 400万元前两年的利息，符合法院规定的年化24%的利息率。虽然借条上没有写明利息是多少，但写了还款3 200万元，说明是对借款本金和利息的叠加。只要利息不超24%，就都能算是正常借贷关系，不能算作归还的本金。之后几年利息也按照 1 400 万元本金年化 24% 的利息率乘以实际借款年数来计算。判决债务人每逾期一个月也累计加上这个利息，直到还清欠款为止。

2. 法院还把债务人的老婆也判进去了。虽然他老婆没有在借款合同上签字，但在后面的 500 万元还款中，有几笔钱是从他老婆名下汇过来的，这样就可以认定他老婆知道这笔债务，是夫妻共同的债务，必须一起偿还。

三、提供连带性担保的时效

很多人不了解担保的时效性，签署借款合同时，让某某过来担保一下，让他在担保人处签一个字，基本上都认为这个人要担保到欠款还清为止。其实《担保法》规定，担保的时效性在没有约定的情况下，就是 6 个月。所以我看到很多的判决书，比如说借款人是 2 个人，担保人是 2 个人，被告等于是 4 个人，最后法院判决的时候两个担保人就不用承担责任，就只有两个借款人被追究责任，这就体现了担保的时效性。很多的人会忘记了这 6 个月的时效性。所以担保人不应当只简单地签个字，还应当写清楚，担保期限是 1 年还是两年。

四、企业破产清算流程

一般来说，企业破产以后首先要付员工工资和税收，然后还有抵押的贷款。这些基本上都要按时付的。最后是那些打官司的债务，大家按比例分配。

［例 19－2］ 某房地产企业 A 破产了，但能清算变现 3 亿元，先还以前卖出去 100 多套房屋小业主的钱 1.5 亿元，然后再还银行5 000万元的第一顺位抵押贷款，加起来 2 亿元，还有余值 1 亿元。这 1 亿元中有 5 000 万元是有第二第三顺位抵押的，那么有抵押的这部分要先还了，那么还余 5 000 万元。该房地产企业大概有 1 亿元民间借贷，那么这 5 000 万元，外面民间借贷的债权人大家一起按比例分。大致就是这样一个流程。

法院拍卖也是同样道理。

［例 19－3］ 债务人甲在上海有一套房屋，市值 5 000 万元，他大概欠了银行第一顺位抵押 3 200 万元，还有第二顺位抵押权人是900 万元，最后房屋拍卖了 3 800 万元。债务人先用这笔钱偿还了3 200万元的银行贷款，然后再还抵押权人 600 万元，最后还差 300万元还不了。

五、借款不还涉及的罪名及报案流程

借款不还通常涉及三个罪名——贷款诈骗罪、骗取金融机构贷款罪、合同诈骗罪。

这三个罪名分别适用于不同的案件，如果说债权人属于金融机构，一般适用骗取金融机构贷款罪；如果债务人是个人欠款，个人欠金融机构的款，那一般适用于贷款诈骗罪，这条罪名的主体必须是个人，不适用于公司。

我在催收工作中涉及最多的是合同诈骗罪。如在签订合同时，提供了假资料、假的担保、假的抵押，提供了假的公章、假的签字，就会涉及合同诈骗罪，这些是比较多的一个现象。

需要注意的是，借款用途不实也构成合同诈骗罪。借款时说是用来装修饭店的，等钱借到后根本没有用来装修，也属于犯罪。2015 年时，有一家信贷机构，借给某个人 230 万元，后者说用于三楼会议室和餐厅的装修。后来这个信贷机构就去核实，发现债务人根本没有将钱用于装修饭店和会议室，而是把钱用于偿还之前在澳门赌博的欠债以及之前借的一些高利贷。这个借款没有专款专用，债务人被判了 11 年半，罚款 50 万元。

其他案例还有，如借款时说是用于买设备，借款 500 万元，结果没有还。再查看是不是买了这个设备，如果没有买，也构成诈骗；或者是进货贷款，要买一批原材料，结果没有进货，这都属于借款用途不实。

还有先小鱼再大鱼的案例。之前借 100 万元、200 万元、300 万元都归还了，利息也都是很准时地支付，有了一定的信誉后再借几笔大金额的钱，上千万元或者几千万元，就不归还了，这也构成诈骗。

用新债还旧债，借新还旧。之前已经是负债累累了，欠了好多钱了，然后通过借新的债务来弥补之前的亏空也是犯罪。

构成诈骗的要素基本上就是以上几种。如果在跟对方合作或者是借贷过程中发现对方有这种行为，就可以去当地公安机关报案，这就不是民事案件，而是刑事案件了。

到公安机关报案，报案流程简单是这几步：首先，经济案件是去区公安局报案。如上海的哪个区，徐汇区、黄浦区，到区经侦支队报案。一般打架斗殴的是去派出所，经济案件要去所在区的公安局报案。其次，公安局会根据你提供的材料决定是不是立案。如果觉得有犯罪证据且证据充足的，就会给你立案；如果觉得没有犯罪证据的，会出具不予立案通知书。报案后的 1 个月内，公安局就会出具立案通知书或者是不予立案通知书。立案后公安机关会继续查，如果是犯罪就会先抓人，再报检察院批捕。

如果你觉得这个案件应该是犯罪，但是公安机关出具了不予立案通知书，这时你不服怎么办？可以去检察院要求督导，再调查看看是不是构成犯罪。检察院有这个权力去查的。如果检察院认为是犯罪的，那可能检察院自己会查办；如果不是犯罪案件，就会退给公安局。

基本上就是这个流程，先报案，然后立案或不立案，最后批捕。

第二篇

实践篇

这些案例都是我公司在十几年的催收实践中碰见的非常具有代表性的案例，在此选摘一部分与大家分享。

实战案例一

为房地产上市公司催收欠款

一、案例背景

时间：2007 年 12 月

债权人：房地产上市公司 A、公司老板甲

合同标的：500 万元

债务人：地产公司 B、公司老板乙

逾期时间：4 年

二、案例描述

2003 年，当时房地产公司 A 还没有上市，影响力也不是很大，刚刚在上海做房地产三四年的时间。当初甲来上海做房地产，那时候房地产市场刚好起来，他缺少大量的资金，想把名下的一块土地拿到银行抵押，贷款 2 亿元，但一直没贷上。这个时候债务人乙正好出现了。乙也是从事房地产行业的，和甲是朋友，听说了这个事。

乙："你有抵押物，可以将土地抵押给银行，怎么会办不出来贷款呢？这样吧，我和银行的关系比较好，看在朋友的份儿上，我帮你去跑一下。"

甲很高兴，说："朋友是朋友，帮忙是帮忙，如果银行 2 亿元的贷款你能帮我贷出来的话，我给你 200 万元的奖励。"

后来乙把资料拿回去了，过了一个星期乙告诉甲说事情搞定了，银行 10 天内会把这 2 亿元放出来，银行的利率和甲之前谈的一样。甲很开心，但这时候乙就提了一个要求，说："我现在的经营状况比较困难，流动资金紧张，你能不能调个头寸，借给我 500 万元？"甲想了想，毕竟乙也帮了不少忙，500 万元对他来说也不多，反正 2 亿元都贷出来了，也不在乎这 500 万元。所以 500 万元就很爽快地借给乙了，约定期限是 3 个月。

过了十几天，2 亿元的贷款也顺利下来了，甲就开始做开发楼盘的生意，很忙，也没有时间去催乙这 500 万元，乙也没想还这笔钱。所以这个事从 2003 年起就一直拖着了，一个是没想要，一个没想还。到了 2005 年、2006 年，甲从他的朋友那里打听到，乙的经济状况不是很好，整天只是打打高尔夫球，没有什么业务做。有的时候连几万元钱都要出去借，所以再去要 500 万元的话，就肯定很难了。

到了 2007 年，甲打乙的电话时乙就不接了。甲就比较恼火：

“你借了我的钱，电话也不接，招呼也不打。”甲心里很不舒服，所以委托我们去催收。

我们拿到了这个案子以后，首先就去了解乙所在公司的还款能力，他有没有还500万元的能力？通过一个多月的调查，我们了解乙在上海共有4套房屋，那时候市值是2 000万元，并且乙都是全款买的，没有一分钱的银行贷款。乙那时候为什么没有钱呢？他把所有的钱都投到了海南某房地产上。2004年、2005年投过去的时候海南房地产市场不景气，但2007年海南地产回暖，全部涨价了。那时候他手头资金非常充足。

我们把掌握的信息归总了一下，就去了乙的办公室进行催收。我们把了解到的情况实实在在地和乙说了，去了几次，他也觉得很没有面子，知道不还钱总归也不好。乙有的时候开会，我们也去，影响他开会的进程。过了半个月，乙说不跟我们谈，他要亲自找甲去谈。甲也不理他，他又找了一个中间人丙。丙也是甲的朋友，让他来做“和事佬”缓和紧张的气氛。大家见面后，乙说：“当初我帮你办了这个银行贷款2亿元，我花费很大的。”

我马上就打断他：“你不用再说了，你再说下去的结果我知道，你就是认为这2亿元你搞定以后，银行贷款下来以后，应该给你500万元，现在你欠甲500万元，应该抵销，是不是这个意思？如果你是这个意思的话，今天就不用再谈了，没有这个必要了。当初甲和你说得很清楚，你搞定这2亿元贷款，给你200万元，我们承诺不会变，你500万元还我，我给你200万元。桥归桥，路归路，要说清楚。你现在想把500万元全部抵掉是不可能的。费用大的话，我们可以理解，合理的要求我们可以满足你。你说200万元不够，那你说多少钱？230万元？250万元？无论如何，你肯定不应该说到500万元！”

乙也讲了一些细节，说费用太大，他也很不容易。

我：“这样，300万元，在200万元的基础上补你100万元的费用。”

乙最终同意了，之后我们签了一个协议，过了两个星期以后，乙就把这200万元打过来了。

三、案例分析与提醒

- 认真调查分拣客户提供的资料，根据实际情况去分析。
- 对客户欠款的内容要知根知底，避免影响双方客户的关系。
- 要准确理解与掌握客户的信息与资料。认真调查分析客户提供的资料，根据实际的情况去分析。

实战案例二

防止里应外合的借款客户

一、案例背景

时间：2012 年

债权人：欧洲某融资租赁公司 A

合同标的：600 万元

债务人：中国民营企业 B

预期时间：半年

二、案例指标

A 公司 2011 年底进入中国上海发展，就立刻和我们公司联系。因为按照他们的惯例，在世界各地有业务的地区都会和催收公司合作，一旦出现问题就委托催收。

A 公司的催收流程建立还比较完善，国外公司本来也比较重视风控催收。逾期 3 个月之内是 A 公司自己催收，3 个月之内 A 公司会派一般的催收人员去催收，逾期 3 ~ 6 个月是交给部门经理催收，催收经理催不回来的案件以及逾期半年以上的案件就全部交给专业公司催收。

债务人 B 企业不是没有钱，就是经营困难，只要去催一下，这个钱肯定可以催回来的。

有钱主要体现在哪些方面呢？第一，B 企业老板名下有很多汽车，其中不乏宝马、奥迪等豪车；第二，他在杨浦区有一套市值 1 000万元的房屋；第三，他在其他融资租赁公司又买了一台挖掘机车，没有钱的话，不会去买另外一辆车。现在欠 A 公司的钱还不起，主要原因是他买车了以后业务没有这么多，有一台车是闲置的，就没有钱来还了。该老板到融资租赁公司买的车都是一个特点：非常大，大到什么程度呢？足足有一个篮球场这么大，一台车大概是 350 ~700 吨，做路面的挖掘机，价格便宜的也要 2 000 万元一台，贵的 3 000 多万元一台。一般买车的企业主都是先首付 1 000 万元，再向融资租赁公司贷款两三千万元凑起来买一台车，然后把车抵押给融资租赁公司，欠的钱每个月付七八十万元，付个两三年就把钱给还清了。

该老板总共贷款 2 000 多万元，每个月应该还 100 万元，6 个月没有还，正好欠了 600 万元。

A 公司要求，让债务人先把 600 万元的租金支付了，之后每个月按时付 100 万元，就了结了。

还有一种方案：B 企业现在业务没有那么多，却有两台车，一台车有业务，另一台车基本闲置着没有业务。可以把这辆闲置的车收回来，替 B 企业卖掉。比如 3 000 万元的车卖 2 000 万元，扣除贷款余额还余几百万元。车放在这里没有业务做，还不如作二手车卖掉。

我了解了案件的大致情况以后，就先去做了调查，要知道这个企业的经营状况到底好不好。

我去了 B 企业后得知，这个公司老板基本是不来上班的。门口有一台黑色的桑塔纳已经停了 1 个月了，也是来催收的。后来我们就向其了解情况，得知这个老板欠他 500 万元。他们在这里等了 1 个月了都没有见到老板，办公室里也没有什么人，肯定是经济状况不好了。否则的话，老板会一个月不去公司吗？

B 企业老板名下的车，宝马、奥迪、奔驰都有银行贷款，他自己住的杨浦区房屋，那时候市值 800 多万元，银行贷款有 680 万元，还有一个二次抵押大概也有 100 多万元，所以这个房屋等于不是他的。在上海还有一套小房屋市值 100 万元，也都是抵押给个人的。所以这个老板虽然杨浦区有 1 000 万元的房屋，但是房屋都抵押给别人了，所以总体情况很不好。

后来我们直接给 B 企业老板打电话。

B 企业老板：“好好好，会还的，尽量这个星期就给 100 万元。”

该老板讲明了资金状况改善后怎么还，并且说了一个很好的后期还款方案，还开了一张200万元的支票给我们，让我们放心。

说得很好，但是实际却没有兑现。该老板本来答应还100万元的，结果只拿了20万元过来，支票也是空的，我们要了两三个月，他只还了80万元，说明他的还款能力出现问题了，不是愿不愿意还的问题，而是根本没有还款能力。我们准备把车子拖回来，采取第二方案。但是这个车就像篮球场这么大，需要专业人员去拆。大概拆到了1个多小时的时候，突然来了20多人，把我们这些人都包围了，问我们想干什么。我说："你们想干什么？车主不还钱，我们就只有拖车了。"他们说："这个车是抵押给我们老板的，你们不能拖。"

我们一听吓了一跳，因为当初催收经理和我说，这个车都是抵押给租赁公司的。因为车子只能抵押一次，而且只能去车辆交易中心办理一次抵押，没有"二抵"的，不可能同时抵给两个人。

我们直接去车辆交易中心，一查就知道这个车到底是抵押给谁了。查询结果果然这辆车是先抵押给了他们老板，而且是这辆车上完了牌照的第二天就抵押给了他们老板，抵押的价值是999万元，属于顶头抵押。那A公司持有的这个抵押证肯定是假的。显然，债务人知道"二抵"办不出来，就花300块做了一个假证。因为都是先抵押后放款，融资租赁公司一看有抵押了，就把1 000多万元放出去了，导致变成1 000多万元的坏账。做抵押应该是双方到车辆管理所或者是公证处或者是工商局一起办理，哪有让客户自己一个人去办的？客户拿了一个假的抵押权证过来就放款了，都没有人认真审核过，所以这绝对是员工的工作疏忽。后来这个 B 企业老板屡次用这样的手法去骗钱，被公安局通缉了。

三、案例分析与提醒

- 客户信用评估的重要性。
- 准确的信用评估报告能够避免很多不必要的麻烦。
- 防止员工与客户里应外合，或因工作疏忽给企业造成重大损失。

这个案例突出了客户信用评估的重要性。债务人到底有没有钱要实地了解，并且应该有充分的信用评估报告。可以通过报告了解债务人名下的资产、外债的状况。

此外，还要防止员工与客户里应外合，或因工作疏忽给企业造成重大损失。本来这个案件一开始我们以为是员工的工作疏忽，后来发现是员工里应外合。因为 A 公司到中国后，对中国的信用环境不了解。该案例这种情形在国外是绝对不会发生的，没有想到会在中国遇到。A 公司员工办成了这么一项贷款，A 公司可以给他二三十万元的奖金，然后他又和 B 企业这个客户里应外合，B 企业又给了这个员工几十万元。债务人 B 企业认为这家外国公司风控不严，钱好骗，交了一个假的抵押证，而A公司又不去仔细彻查。所以该员工靠着这种投机取巧的方法赚了很多钱。后来这个员工在香港特区被抓了，好几个案件都和他有关系。A公司在租赁车的业务上，亏损超过1亿元，都是被骗的，主要原因是没有对所在地区的信用环境进行认真研究和分析。

实战案例三

如何向担保人催收

一、案例背景

时间：2013 年 11 月

债权人：上海某小贷公司 A

合同标的：350 万元

债务人：上海某制造企业 B

担保人：甲

逾期时间：6 个月

二、案例描述

企业 B2013 年 4 月去小贷公司 A 办理信用贷款，想借 350 万元。企业 B 主营业务是机械阀门。公司业绩好的时候，产品曾进入过世博会。世博会以后经济状况就走下坡路了。小贷公司 A 说："信用贷款 350 万元我们公司批不下来。如果你真急需 350 万元的话，最好增加一个担保人，有担保人的话就可以考虑把这 350 万元贷给你。"

企业 B 说："没有问题啊，这个担保人我可以找到的。"所以就找到了甲。A 和 B 双方约定借款期限是 1 年，每个月付利息，1 年以后还本金，每个月是 7 万元的利息。2013 年 4 月借给企业 B 的，那 5 月要支付利息了，A 小贷公司打电话给 B 企业财务，财务说自己已经离职了，老板去澳门赌博输了 3 000 万元。后来打老板电话也关机。

A 小贷公司马上就打电话给担保人甲，让甲来公司一趟。甲根本不知道发生了什么事。

甲是担保人，小贷公司 A 要求甲先替 B 企业把 7 万元的利息付出来。甲这个人很老实，马上付了 7 万元的利息，后来又付了 2 个月的利息。然后他感觉 B 企业老板回不来了就开始赖账了。

甲："我不会再付利息了，我只不过是担保人，你们的钱是汇给 B 企业的，当初我来担保，也是被骗的。业务员说我签个字没有什么问题的，也不会找我还钱，我都是被业务员这样忽悠才签的字。"

7 月之后甲也不付利息了，从 8 月开始到 11 月停了 4 个月。

2013 年 11 月，A 小贷公司就把这个案子交给我们了。我们拿到了这个案子后就开始分析，B 企业老板是属于诈骗性质的债务人，就是他借钱的时候，根本就没有想过要还。如果说他想还的话，先拿 50 万元出来，每个月付利息，还可以勉强维持半年。他一个月利息都没付，说明资金非常紧张。因此我们就觉得找 B 企业老板催收的效果不大，我们第一个就把他给排除了，不找他去催收了。因为找他催收的话，时间、精力、人力白白搭上，最终还是没有效果。于是我们就把重点放在了甲的身上，对甲进行催收。

我们对甲进行调查的时候，发现甲在上海有一套房屋，市值大概是 600 万元，其中银行贷款有 250 万元。我们去的时候，好像也晚了一步，因为甲大概也欠了别人的钱，被别人抢先一步抵押再查封，我们去查封时，要排第三或第四位了，我们就决定先不去查封，查封了我们也拿不到。如果早一点催收的话，我们可以排在银行后面，这样相对会好一点。

甲是杭州人，在上海做生意十几年了，调查后发现他老婆家里挺有钱，那时候他女儿正好要结婚，他女儿房屋有 200 多平方米，当初的市值要 1 200 多万元。后来我们到了杭州去找甲。

我："首先要说清楚，什么是担保人？不是你说的钱没有拿到，被人家忽悠的。这不是理由。担保人——简单地说，就是借款人不还钱，担保人必须还钱，必须承担这个责任。因为当初如果你不担保的话，我们不会把 350 万元借出去。如果你不还，你女儿结婚的当天，我们问你去要。”

这样给他施加了很多压力。

甲：“这样吧，等两个星期以后我女儿婚礼结束，我马上到上海和你们谈这个事。”

我看压力也到位了，就同意了他的要求。甲也挺守信用的，12月底的时候就来上海了。

甲：“一下子叫我还 350 万元肯定是不可能的，我没有这么大的资金还。”

我：“你没有能力的话，你先表一个诚意吧。”

最后他说先还 150 万元表示一个诚意，150 万元一次性也拿不出，分 3 个月还，1 月 15 日还 50 万元，2 月 15 日还 50 万元，3 月 15 日再还 50 万元。

甲：“你们也知道这个钱不是我花的，我这个担保人一分钱也没有拿到，不像有的担保人还会分到一半的钱。你们既然这么有催收的能力，你们能不能去找一下 B 企业老板？如果你们找到的话，我还了 150 万元，他再还个 200 万元，那这个事就解决了，一下子叫我后面还 200 万元，我也很累的。你们帮我的同时，也等于帮你们自己，你们也可以尽快地拿到这个钱。”

我们想想也有道理，同意让他先还 150 万元，我们再去找 B 企业老板要钱。

我：“但是如果找不到 B 企业老板，或者是找到了以后他没有这个还款能力，我们还是要来问你要这个 200 万元的。我们也要约定一个期限。”

最后约定是半年的时间，就是 3 月 15 日最后一笔 50 万元还了以后，这之后的半年时间内。

我：“我们不找你去催收这 200 万元，我们就找 B 企业老板去催收。如果半年之内他把 350 万元全部还了，那 150 万元就退给你，如果半年之内 B 企业老板还了 200 万元，那我们也不找你了。如果是半年之内 B 企业老板一分钱也没有还，那后面还得继续找你要 200 万元。”他也同意了，签了一个协议，A 小贷公司也给他免了利息。

协议签好以后，每个月的 15 日之前，他都很准时地还了。150 万元还了以后，我们按照约定就去找 B 企业老板。我们通过 B 企业老板留给我们的地址，找到了他在上海的一个住所，是一个学区房，当初买的时候是 7 万多元每平方米。后来我们去那个小学调查过了，该人的女儿确实在这个学校读过书，但下半学期没有来上学。我们想肯定是 B 企业老板家里出了什么大的事情，否则这么好的学校她女儿都不读了。

我们找了大半年以后，也没有找到 B 企业老板的信息。到了 2014 年的 9 月，我们又把甲给约出来了，把催收的过程和他说了。

我：“估计就算找到了他也没有还款能力了，我们努力了，但是也要面对现实，后续的 200 万元你看怎么还。”

甲：“分期还款，6 ~ 9 个月还清。”

三、案例分析与提醒

- 首先确定债务人借钱后就从来没想过要还款，不然不会一分利息都不付。
- 其次把催收重点放在担保人身上，如果他有资产，先查封，再催收。

如果这个案子我们早一点做的话，我们可以先查封担保人甲在上海的房屋。后来被人家先抵押再查封，就没有什么意义了。我还问了甲：“你怎么会给 B 企业做担保？你们是什么关系？”他说和 B 企业老总是在部队里当兵的时候认识的，这个人很哥们，非常讲义气。后来领导就很照顾他，让他到上海发展，发展得很好，大家都是朋友。没有想到赌博把朋友害惨了，朋友都被他坑了很多钱。尽管 B 企业老总的人品还是不错的，但是现在出了这么大的问题，谁都束手无策。

实战案例四

骗贷客户如何催收

一、案例背景

时间：2013 年 12 月

债款人：上海某小贷公司 A

合同标的：600 万元

债务人：上海某建筑公司 B

逾期时间：5 个月

二、案例描述

建筑公司 B 在小贷公司 A 是老客户，B 公司老板甲从 2011 年的 8 月开始就在小贷公司 A 借款，当初借款金额是 600 万元，借款期限为1年，每个月付利息。

2012年8月，还款期限到时建筑公司B没钱还，就和小贷公司A商量，贷款是否能延期1年，利息照付，原来借的600万元本金等1年以后再还。小贷公司A也同意了，就展期1年，贷款期限延期到2013年的8月。结果到了还款时间2013年8月，又还不出，于是又跟小贷公司A商量，是否能再展期1年。

小贷公司A觉得这个客户再展一期的话，风险太大了，就不愿意展期。但后来想了想，要展期也不是不可以，但一定要符合三个条件：第一，还旧借新。就是先把原借款600万元还回来，前面的合同终止，重新再签个新的借款合同，在借款还进来以后的10到14个工作日之内，再给甲发放贷款600万元。第二，增加抵押物。找一个价值600万元的抵押物做抵押。比如，上海的一套房屋或者其他资产。第三，还款一半，展期一半。就是先还300万元，余款的300万元，展期1年，这样风险降低了一点，本来有600万元的风险，300万元收到以后，只有300万元的风险。但是小贷公司A这三个条件，债务人甲一个都做不到。600万元还进去也没有，抵押物也没有，然后先还300万元，展期300万元也不行。到了2013年10月、11月的时候利息都收不到了。利息停了以后，小贷公司A就把这个案子交给了我们。

接到这个案子以后，我们认为这个债务人甲没有什么好去调查的，因为他名下基本没有什么资产。我们主要想了解一下建筑企业B的经营状况到底如何。甲一直强调别人欠他7 000万元工程款所以导致他对外欠款 3 000 万元。

我们开车进到停车场，车停下来以后，保安立刻过来问我们要停车费。

我："你老板欠我们几百万元，我们是小贷公司派过来催收的，还付什么停车费啊？"

保安："老板是老板，别说欠你们几百万了，老板还欠我们保安工资十几万呢！几个月都没发工资了。"

你想想欠保安工资的企业，还能给他贷款吗？

后来我们停完车以后又到楼上看，那时候正好是 2013 年的年底，好多人来催收，至少有十几拨人，老的、少的、男的、女的都有，讨几万元的也有，最大的一笔有 1 500 万元，还有一个老太太，有四五十个人在他的办公室里，这一切足以证明甲的经营很困难。

但是这个债务人甲的态度还算蛮好的，约定 3 天以后先给我们 50 万元。

可是，3 天以后 50 万元根本没有汇过来。我们又找到了甲家里，因为他儿子乙是担保人。那我们找他儿子要钱也可以，都是合理合法的。到了他儿子家以后才知道，他儿子刚刚有了一个孩子，所以一旦有人上甲家里催收，甲就会很烦躁。后来债务人甲就给我们打电话质问我们："你们怎么去我儿子家了？"

我："你儿子也是欠款人啊，你不给钱，我找你儿子很正常啊。"

甲："我儿子给我打电话了，我孙子刚刚出生，你们这样子去，影响不太好。"

我："又不是我们非要去的，是你逼我们去的，你把钱给我们的话，我们肯定就不去了啊。"

这样子来回折腾了几次，甲陆陆续续也还了几十万元，但是都达不到我们的要求。

后来甲说还不了50万元了。那我紧接着说："既然你没有资金，那你把你现在开的车子给我们吧。"

甲那时候开了一辆二十几万元的车。

我："我们先把这辆车开走，等你还了20万元以后，你再把车开回来，我们又不要你的车。"然后他把车钥匙一丢，就让我们把车开走了。

2014年春节，甲陆陆续续又给了100多万元，还差500万元。

后来小年夜的时候，甲回浙江了，还给我打电话，大致说了年后的还款方案，计划得很好，但是我觉得甲的还款能力是非常有限的。到了年初八的时候甲又给我打电话了。

甲："你放心，正月十五以后，我回到上海，一定会给你们解决的。"

但我的感觉是，凭甲当时的能力是解决不了的，因为他的员工都对他丧失信心了，还有很多外债都开始集中爆发了。他连办公室都回不了，那些要钱的人每天都去他办公室报到。

到了2月，过完年以后，我们想再这样子催收肯定是要不到钱了，因为甲没有实际还款能力了。后来我们就想去打官司，为什么要打官司呢？因为甲是欠款人，他没有钱，他儿子乙也没有钱，他名下两家公司也没有钱。那没钱去打什么官司？没有执行物打官司也是没有用的。我们了解到，债务人甲当初为了转贷，让上海市某镇政府签了一个担保函。担保函上写明，该镇政府给了他一块土地，让他盖了两栋楼，租给他的租期是12年，签了个协议，一栋租给了一个高端的餐厅，还有一栋造起来建了快捷旅店。餐厅的租金是该镇政府收的，快捷旅店的租金是甲收的。担保函上该镇政府承诺：如果债务人的贷款600万元无法偿还的话，该镇政府将以每月收到某餐厅的二三十万元的租金来偿付这600万元的贷款。

我们打官司的目的就是告该镇政府，只要判决赢了，这个租金我们就可以去收，大约两三年，500万元欠款还是可以收回来的。

把镇政府告上了法庭后，发生了更滑稽的事。到了2月底，甲的员工打电话给我，说甲被公安局抓进去了。怎么会被公安局抓进去呢？开始我以为甲是因为1 500万元贷款的事，因为之前听说甲在其担保的公司欠了1 500万元。结果不是这个原因。甲的员工告诉我："老板是因为你们的事情被抓进去了。"

我："我们有什么事？我们又没有去公安局报案。"

甲的员工问："你们是不是去打官司了？"

我："是啊，官司肯定是要打的。"

甲的员工说："因为你们去告了镇政府，所以镇政府收到法院的传票以后，就去公安局报案了。镇政府没有签过担保函，担保函是假的，章是甲私刻的。"

后来公安局就把甲抓进去了，做笔录时问甲："这个章是不是你刻的，为什么要刻?”

甲：“因为我要贷款，小贷公司让我提供担保，而我没有其他担保物，就只能假冒镇政府盖了章（一个公章和一个法人章），表明我可以用每月收到的租金来偿付贷款。”

甲被关了24小时，做完笔录后就被放出来了。

3月初开庭以后，该镇政府的律师就过来了，把材料交给了我们，并且跟我们说明两点：“第一，公安局的笔录上证明，是甲个人去私刻的公章，你们是没有理由告镇政府的。第二，公章的鉴定也做好了，确实是私刻的，全部交给了我们。你们最好和甲谈一谈，关键还是要甲还钱。甲能还钱最好，不能还钱的话，如果诈骗罪名成立，诈骗金额达500多万元，甲肯定是要坐十几年的牢了。你们自己考虑。”

我们商量，是不是需要把这个案件在法院的流程走完，因为所有的借贷案件，都是先刑事，后民事。如果要把这个官司打下去的话，就暂时不能告他诈骗罪了；如果要告他诈骗罪的话，这个民事官司就要暂停。后来我们商量了一下，我们还是要先去公安局告他诈骗。于是我们把法院这里的案件退了，先去公安局报了刑事案。

报案后我们找到了甲，让他三四月必须还500万元欠款的一半，并且警告他：“如果还不了一半的话，公安局肯定会来抓你。我们都已经报过案了，你也知道法院的案件都撤了，就是为了刑事的案件，反正你不还钱的话，就是吃官司，你去查一下诈骗500万元关多少年，肯定是十年以上。”

到了 4 月底，甲还了 20 万元，估计剩余的还不了了。“五一”假期以后，小贷公司 A 就找我们了，问能不能把甲抓起来。

我：“可以啊，反正甲的电话我们都有，让公安局办理就行。”

但公安局的案件多，没有那么多时间和人力，就让我们协助。于是我就先给甲打电话，约甲出来谈事情，理由是签一个还款协议，并且带 10 万元的利息过来。我们约好在一个咖啡馆见面，公安局去了三个人，在楼下等着。我们找了一个包间坐下后没多久甲就来了，于是我们就发信息通知下面警察。穿着制服的公安人员上来了以后，甲就知道是啥意思了。公安人员出示了证件以后就把甲带走了。从二楼楼梯走下来时，我问甲：“要不要给你的家人打电话?”因为我们主要目的是想要钱，真把甲抓进去坐牢吃官司不是我们的目的。并且我知道甲在上海有一个弟弟和一个妹妹，两人都是做生意的。说不定会给弟弟妹妹打电话，帮忙还一点钱。

甲说：“不用打电话了。”我想这下真没人救甲了，我们的钱可能打水漂了。我们的目标是先让甲还 250 万元，就帮他取保候审，后面再慢慢说。反正 250 万元是我们的底线，拿不到这笔钱甲就只能吃官司了。这天是 5 月 8 日。

5 月 9 日一早，我到成都出差了，一下飞机，看到小贷公司 A 打了四个电话给我，我本来还以为甲还钱了，结果回电才知道，甲答应 5 月先还 70 万元，以后每个月还 100 万元。那等于这次行动还是一分钱没有拿到。

我：“当初我们不是这么约定的，不是说好必须要见到钱才放人的吗？”

A：“我也是这么想的，但今天早上公安局那边又说抓不了甲。”

抓甲之前都已经是证据确凿了，怎么说变就变了呢？后来才知道，甲的身份特殊，要取消相关代表资格以后才行。要抓甲的话，得先去撤销甲特殊代表资格。而且公安局还说了另外一个理由：私刻公章要两枚以上才能成立罪名。甲私刻的这两个章只能算是一枚半，一个是圆的公章，算一枚；还有一个是法人章，因为法人章是方形的，所以只能算半枚，属于模棱两可的案件，最后公安只能把甲放了。

到了七八月，我们也一直催甲，但是甲还是不还。我们也去找过甲儿子去催收，也没有什么大的效果。到了 9 月底的时候，我就和小贷公司 A 说：“从我们公司的能力范围来说，我们再去催，甲也不会还钱，只有你们再去公安局那里施加一些压力，看有没有什么办法可以抓甲。”

和公安局协调后，公安局根据实情到相关地区撤销了甲的特殊代表资格。甲马上就知道了这事，主动打电话给我。

甲：“你们怎么到 × × ×去撤销了我 × ×代表资格啊？”

我：“是啊，你以为我们拿你没有办法啊，你不还钱的话，肯定让你吃官司。”这时候甲的态度就很好了，约我们一起去天津，说在天津有一个朋友，是做房地产的，他给朋友供货，主要做大理石，看是不是可以到那里让朋友担保借一点钱出来。我们也就同意了。

甲：“你们坐飞机去，我开车去，连夜 10 个小时开过去。”

我和小贷公司老总及律师等 4 人坐飞机去了天津，甲自己开车过去。后来到天津我们还签了一个担保协议，结果甲的这个朋友企业效益也不好，最终还是没有还钱。

后来，公安局说这件事拖的时间太长了，必须要尽快处理。但是这时候又找不到甲了。之后我就让小贷公司老总打电话给甲，约甲在公司见面，甲来了就被公安人员带走了。我们决定这次把目标再降低，现在本金欠 500 万元，如果甲一次性能还 250 万元，就把这笔债清掉了，以后也就不再找甲了。结果等了几天后居然没有任何人和我们联系，倒是甲的一个担保公司 C 和我们联系，说甲欠担保公司 C1 500 万元，可不可以商量一下把损失降到最低。不然的话，甲被判决吃官司，两家公司的损失都很大。

我告诉该担保公司 C："只要你们替甲还 250 万元，我们就申请把甲放出来，然后把这个 500 万元的债权转给你，等于甲欠你们公司 2 000 万元，我们只要拿到 250 万元就好了。"

后来担保公司 C 也没有给消息，甲家里人也不回应。

我们又把要求从 250 万元降到 100 万元，甲的弟弟很犹豫，一会儿想还，一会儿又不想还，一会又说先放人再还钱，最后还是犹犹豫豫没有还。

到了 2015 年 9 月 24 日最后判决书出来了，最终的判决却只判了 4 年。我说怎么会那么少？本来大家都以为肯定是要判十几年的。原来最终债务人诈骗罪名没有成立，改成了骗取金融机构贷款罪。小贷公司属于金融机构，骗取金融机构贷款的罪名，最高是判 7 年，最低是 3 年。那为什么不是 7 年呢？因为他欠款共 600 万元，之前还过 100 万元的本金和几十万元利息，属于有还款意愿无还款能力，所以最后只判了 4 年。

三、案例分析与提醒

- 小贷公司在经营过程中一定要去实地了解贷款公司的经营状况及资金状况，如果只是听债务人汇报，不实地去了解，肯定会对资金造成风险或者无可挽回的坏账。
- 坚决不要让逾期客户转贷，这样损失会更大！如果能提早 1 年催收的话，至少可以催回 50%，错过了这个时机有可能一分钱也要不回来。
- 签订相关担保合同一定要当面见到担保人。

实战案例五

查找担保人资产促使还款

一、案例背景

时间：2021 年 7 月

债权人：某担保公司 A

合同标的：200 万元

债务人：2 家企业、4 个担保人

逾期时间：6 个月

二、案例描述

我们接到这个案件的时候，法院已经判决 6 个月了，这四个担保人始终没有还款，所以就把这个案子交给我们公司了。这两家企业已经是排除催收，即完全没有还款的能力，全部倒闭了，那就只能找这4个担保人。其中有一对夫妻感觉也没有什么还款能力了，我们决定要放弃他们。还有一个担保人目前为止找不到人。最有可能还款的是第四个担保人甲。我们在上海找到他，感觉这个家是他长期在住的。从他家里的装修风格来看，已经住了十几年了，老婆和两个女儿也都住在这里。

我们找到了甲以后，把我们的身份和此行的目的跟他说清楚了：第一，借款人没有还款能力了，只能找担保人还款，给他10天的时间考虑，担保人肯定是要承担这个还款责任的。第二，我们去上海房地产交易中心查了，这个房产证上是他和他老婆两个人的名字。但是目前为止，有银行贷款250万元，另外有一个浦东新区法院的查封、一个长宁区的查封。当时这个房屋的市值为500万元，银行贷款有250万元了，还有两个查封，我们也不着急去查封，反正已经有几个查封了，房子一时也处置不掉。过了十天我们又到了他家里，一看家里没有人，感觉搬走了。之后连续去了三天，每天都是不同的时间去，都没有人。怎么这么快就搬走了？我们也觉得很奇怪，因为按道理来说，住了这么长时间的房屋不可能在这么短的时间内迅速地搬走。

他们门口有一个保安，我们的催收人员就和他聊了一下。

我："甲怎么全家都一直没人，是搬走了吗？"

保安："甲是准备搬走了，他还打算把房屋给卖了。"

我："他的这个房屋应该是卖不掉的，因为里面都有银行贷款，还有查封，谁来买呢?”

保安:“甲这个人人好，老是帮朋友去担保，把自己给害死了，他欠长宁区法院 100 万元，就是帮朋友担保，上周已经把这个 100 万元给还掉了，长宁区的抵押就解除了。浦东新区有一个查封，就是他银行贷款没有还，人家去打官司，把他的房屋查封了。所以他的这个 500 万元的房屋里面，只剩下欠银行的 250 万元，所以他的房屋是可以卖的。谁来买的话，首付款先要把 250 万元还给银行，剩下的 250 万元就可以自己拿到了，这样一来，这个房屋是可以卖掉的。”

紧接着，我们就到交易中心去查了一下，是不是真的抵押撤销了。我们一查，发现抵押确实是撤销了，我们立刻就通知宁波的担保公司，让法院马上派人过来，把这个房屋查封。这样子的话，我们就变成了“第二顺位查封”了，将来房屋卖掉以后我们还可以拿到余值。那天是星期一，如果是再晚几天，对方合同签掉了，网上交易完成的话，我们再查封就没有意义了。星期三法院的工作人员就赶过来把这个房屋查封了，一查封甲就得到消息了，并且让他的律师给我们打电话。这时候我们就不急了。

甲的律师说:“甲最多承担 100 万元，这个房屋是他们夫妻两个人的，因为这个房屋市值 500 万元，银行贷款有 250 万元，余值还有 250 万元，是属于他们夫妻共有财产，就算这个房屋拍卖了，也是拿甲的那部分 125 万元，他老婆的这一部分你是拿不到的。”因为他做这个担保人是给公司用的，没有用于夫妻共同的生活，因此分割不了他老婆的那 125 万元。甲说先给 100 万元，让我们把这个案件给撤掉。我想为了 25 万元再走流程的话，太复杂了，时间也太长。所以我们就同意了，先签了个协议，他还了 100 万元后，我们就把这个查封给撤销了。

如果我们既没有找到甲本人，动作又慢一步的话，这个房屋一旦在我们找到他之前就卖掉了，他的名下就没有资产了，我们后面再去要这个钱就更难了。

三、案例分析与提醒

- 资产查找工作要仔细，不放过任何一丝机会。
- 上门调查要多问多听。
- 判决生效后要及时申请执行，盯住法院及时配合。

这个案例中的机会来自于和保安的聊天，如果不详细聊的话，我们根本没有想到他会解决长宁区的查封，所以在聊天中可以获取非常有价值的信息。另外，在判决生效后要立即申请执行，盯住法院并配合法院工作。很多人打完了官司以后不去申请执行，以为拿到了判决书这个案件就算结束了，其实不是这样的。判决是一个部门，申请执行再到执行庭又是一个部门。判决出来后债务人没有还钱时，债权人一定要主动申请执行。到了执行庭以后，你要落实到具体是哪一个法官负责这个事，等以后查到了债务人的资产，马上和该法官联系，让法官去查封，去执行。不要拿到了判决书以后，不去找执行法官，到要执行的时候再去找，可能会耽误两三个星期的时间，那时候这个房屋早就卖掉了。你马上又找不到具体负责法官的话，损失就大了。按照程序一步不落地和法院沟通好，到时候一个电话打过去，请求法院及时配合你去执行，这个效果就很好。

所以打完了官司，判决拿到以后，一定及时交到执行庭，把情况当面跟执行庭的法官交代清楚，并记下法官的联系方式，一旦有新情况，第一时间能委托这个法官出面。这个事情他们是非常配合的。所以申请执行很重要。只要法官及时配合，就可以把这个钱成功地收回来了。

实战案例六

历经艰辛催收货款

一、案例背景

时间：2007 年 6 月

债权人：牛肉供应商 A

合同标的：24 万元

债务人：连锁牛排馆 B

逾期时间：2 个月

二、案例描述

债务人甲（连锁牛排馆 B 的老板）十几年以前在上海三个最繁华的地段开了三家牛排馆。当初人均消费是 500 元，而且生意火爆，来吃饭的客户都要排队。后来由于管理不善，员工贪污，不怎么赚钱，甲一气之下就把这个牛排馆给关了，欠了供应商100多万元的货款。牛肉供应商A给B供了1年的牛肉，后者一共欠前者24万元。

债权人的思路很清楚，一开始就决定不打官司，这个牛排馆也没有钱，即使打赢官司也拿不到钱。B破产了以后，这些供应商的钱都不给了，但可以找该牛排馆的实际控制人要钱。因为该老板亲口答应过他，不会欠他的钱，让他放心继续供货。

该老板50多岁，大概是住在上海的大拇指广场，有两辆车，一辆是宝马730，还有一辆是别克商务车。

我说首先要找到这个老板，知道他住在大拇指广场的附近，我们就在地上地下车库找，总能找到他的车。那时候是2007年6月，我们公司一共去了4个人，分头行动，每人负责一个小区的地下车库，找到车就有机会见到人。上午找了两个多小时也没有找到，到了下午三点的时候，在其中的一个小区找到债务人的宝马730，就停在地下车库。我们就等在这个车的旁边，因为他总是要来开车的，等了一个多小时甲就来了。

我们又问："你是准备在这里谈，还是我们另找一个地方谈?"

甲："你们到小区的花园那里等我，我把孩子放上去，一会儿就下来。"

过了20分钟，他下来了，我们本想今天见到了他就可以马上拿到钱了。结果他一直在那里打电话，打了20分钟。过了没有多久，警察过来了。他告诉警察说人身受到了威胁。由于甲是外籍人士，最终在派出所未谈成。

后来我们得到消息，他老婆的外婆去世了，这几天全家去了他老婆老家。后又在马鞍山一个中档的小区找到他。他正抱着儿子在喂饭，当时吓得碗都掉了，孩子也哭了。

我："如果你再不还的话，我们就把其他的债权人都叫过来，我知道你外面也欠海鲜老板的以及其他牛肉商的钱。人家过来的话，你根本都解决不了，到时候要还的可不止我这 24 万元了，还有其他人的 100 多万元呢！"

甲想了一个多小时，说："我现在名下的钱不多，但我名下有一台车在上海，可以给你们抵债。楼下这两台车你们动不了的，因为是公司的名字，全部都给查封了，有银行贷款的，给你们也变现不了。这台车也是别克商务车，写的是我老婆的名字，抵给你们。你们卖多少钱就一笔勾销了，我们这 24 万元就算一笔勾销了。"

我算了一下，他的那个车是小排量的，开了 5 年 14 万公里，新车要卖 30 多万元，我问了一下大概可以折 15 万元左右，加上一个上海牌照 5 万元左右，大概有 20 万元。于是我们就同意了，然后办了一个手续，把他老婆的身份证和驾驶证都拿过来，把那辆车开到二手车售卖店里给专业人士评估了一下，车没有问题，我们到了上海直接就可以办过户手续了。

三、案例分析与提醒

- 跟踪调查很重要，必要时需要运用一些技术手段。
- 准确的施压，让债务人感觉欠款不还，以后会有更大的麻烦。
- 债务人实在没钱可以适当考虑打点折扣，一次性解决债务问题。

这个案件中途经过了一番周折，最终找到了债务人，虽然是给欠款打了八折，但是直接拿到车，并且一次性解决，成功地把这一笔货款给催回来了！

实战案例七
债务人去世如何催收

一、案例背景

时间：2009 年 10 月

债权人：建筑企业 A

合同标的：2 300 万元

债务人：电子制造企业 B

逾期时间：1 年

二、案例描述

债权人和债务人在当地都是很有名的企业，两家企业打过 30 年的交道了，算是老朋友关系了。制造企业 B 在 2000 年的时候发展得比较好，到了2003年就开始走下坡路了，银行贷款2 000万元一直没有还。银行一直给他们转贷，转了3年，到第四年的时候转贷实在是转不过去了，银行让B企业提供一个担保人。如果可以提供一个担保人的话，可以再转贷两年。

制造企业B就找到了建筑企业A给他做了担保。但不久制造企业B的老板乙得病去世了，企业一落千丈。乙只有一个女儿，30多岁，从不参与企业经营，在政府部门工作。

在这种情况下，银行就准备按照流程办了，贷款的B企业没有钱，就到担保A企业去扣，担保企业有现金流，银行连本带息一共扣了2 300万元。

A企业老板甲说："现在我也要退休了，我们这个企业是民营企业，虽然我是大股东，但是下面有几十个小股东，如果我这个董事长不把这2 300万元的事情处理好的话，我退休都退不了，我没有办法交代，所以我必须要尽快地把这个案件处理完，这笔账总要有一个说法，这样子我才能对得起我们的企业，我才能安心地退休。"

那我就问甲："现在B企业状况怎么样？"

甲："B企业已经倒闭了。老板乙的女儿将这个电子企业直接走破产程序，然后把比较好的业务拉出来，重新成立一个电器企业。现在这个电器公司经营得很不错，生意的规模虽然没有原来那么大，但是小打小闹也可以赚一点钱。"

我们也对乙的女儿和企业B做了一些了解。乙的女儿是一个蛮老实本分的人，她老爸一两个亿元的资产，而她住的房屋也就是一般的老房屋。

这个案子要催收的话，情感是很重要的，我们一定要考虑感情的因素，因为乙如果还活着的话，这笔钱肯定会还的。我就和甲说："你写一封信，由你公司发起，第一点谈你和乙的感情，第二点谈这个事是乙求你的，你是怎么替乙还的，你现在公司的经营状况怎么样，你要退休了，希望她来解决这个问题。你把这个事情的缘由从头到尾写一遍，再盖一个公章，之后把信交给我。"

信写好了以后，我装了一个档案袋，有一天早上乙的女儿从家里走出来准备去上班的时候，我就让催收人员把这个档案袋交给了她，让她看好了以后主动和我们联系。

后来约了一个时间和地点，企业 A 的财务和银行的人都去了，银行的人也和她说了当初贷款的前因后果，又把之前的贷款手续给她看了，来龙去脉弄清楚之后，她要求 10 天的考虑时间，因为这是一笔大钱。十天以后我们又碰头了，区政府也派人来了。原来区政府在制造企业 B 也有 30% 的股份，区政府让她总偿还 1 400 万元，区里偿还 900 万元。乙女儿一次性是付不出这 1 400 万元的，肯定是要分期还款，那我们也认可了，因为她现在是属于小规模经营，不可能还这么多的钱。最后我们双方约定每年还 100 万元，用 14 年还清，每年春节前后还 50 万元，当年的 7 月再还 50 万元，就直接签署了协议，把这个事情比较完整了结了。

三、案例分析与提醒

- 找准切入点，了解实际情况。
- 大金额案件要接受分期还款。
- 情感施压的重要性。

现在债务人的子女生意也做得挺好的，每年都很顺利地按照当初约定还了欠款。我们催收人员在施压的时候也要考虑到感情的因素，把事情的来龙去脉写清楚，让她先看一看，知道一些前因后果，有一个全面了解，这样去谈比直接讲道理要好很多。

实战案例八

斗智斗勇打好心理战

一、案例背景

时间：2013 年 1 月

债权人：融资租赁公司 A

合同标的：600 万元

债务人：民营吊装企业 B

逾期时间：5 个月

二、案例描述

这个案例的前因后果基本和前面的案例差不多，只不过前面那个案件抵押物是假的，而这个抵押是真实的，的确是做了抵押手续。

但是吊装企业B还不出钱，除了这个吊装项目，还有其他的项目在做，资金紧张，有5个月没有还款了。所以融资租赁公司A就交给我们，让我们去催一催。

我们接手这个案子以后，首先是找老板催收，我们就问租赁公司A的负责人："这个吊装企业的老板是谁，老板的电话、身份证有吗？"

他们说："这个老板我们从来没有见过，他们企业的法人是老板的岳父，我们以前一直是和财务经理联系，和这个老板没有直接联系过。"我们拿到了这个案子以后，认为肯定要去找老板，和老板见了面以后再谈后续方案。

我就让我们北京分公司的同事去催，因为张家口离北京很近。从北京开车到张家口大概需要两个多小时，分公司的人中午一点半到。那天也很巧，催收人员的车子刚开进去，这个老板的车子就开出来。我们开始和他聊欠款的事，他还蛮客气的，让我们去楼上谈。

我们的一个催收人员坐在老板的前面，把资料先给他看。还有一个催收人员停了车以后也到楼上去，走到了老板的面前并且把手机拿出来对着他拍了一张照片，因为我们每次去催收的时候都会录音录像，这样和客户有一个交代。拍照片的动作一做以后，这个老板就吓坏了。

B企业老板："你们干什么，要谋杀我啊？"从他的表情来看，我们就觉得他的心里是非常害怕的。这欠款600万元是逾期的本金，再加上利息和违约金，数字也不小。所以他的这个过激举动说明我们的第一步心理战肯定是赢了。

B企业老板："过年之前我先给你们汇100万元，以后每个月汇100万元。我不是没有钱，我现在有钱，就是一时半会儿资金紧张。"他说话也很客气。结果过了没有几天就汇过来了100万元，后面的几个月也都比较顺利地汇过来了。

这个案子如果当初催收时不顺利的话，我还想了第二个策略。有一部分的人说他人品很好，是1975年出生的年轻民营企业家，还入了党，曾经捐款50万元。我想第一步镇不住的话，就把他欠款的事实告诉相关的人员："这个人为什么会给你们捐款50万元？就是因为欠了我们公司到你们这里捐款，这种捐款你敢收吗？"而其欠款的事实如果被他的竞争对手以及舆论知道的话，对他来说压力也是很大的，对发展型企业来说也是一个致命的打击。

三、案例分析与提醒

- 债务人表面强硬，内心还是很害怕的。
- 战术运用得当，打赢心理战。
- 直接找老板催收是最高效的。

俗话说：欠债还钱，天经地义。这个案例中债务人欠款数额不小，自知理亏，所以他还是非常害怕的。催收直接去找老板本人最切实有效，不要找法人代表、财务经理或者其他什么不相干的人。我们后来知道那个财务经理其实就是专门给他挡账的，目的就是应付所有的在外欠款。去企业催款还是要找实际的控制人，找老板，不用拐弯抹角，就找老板催收，不用怕和他搞坏了关系，他愿意合作就合作，不愿意合作的话，你钱还给了我以后就不合作了，你欠我的钱，我怕什么呢？只要你合理合法地去催收，不用担心和他搞坏关系。

实战案例九

社会信誉＋法律武器联合施压

一、案例背景

时间：2017 年 8 月

债权人：个人甲

合同标的：600 万元

债务人：个人乙

逾期时间：9 年

二、案例描述

债权人甲在 2008 年的时候购买债务人乙公司名下开发的别墅。但当时乙公司资金紧张，把名下所有的房屋都“一女二嫁”了，导致甲付了 366 万元的全款却一直没有拿到房屋。乙也一直说房屋马上会给，再等等吧。这样一拖就是四年，而且上海房屋一直在涨价，所以甲也想要房屋而不是退房款。直到2013年的时候甲知道自己房屋拿不到以后才开始找乙打官司。最终法院判决乙欠甲购房款、利息、违约金共600万元。

但判决后乙的房产公司也倒闭了，一直还不出钱。而且甲近几年的时间都联系不上乙，所以就把这个案件交给我们催讨。

接受案件后我们先调查了乙在法院的欠款记录，发现乙就欠甲这笔600万元，其他债务没有，说明情况还好。有的房产公司倒闭后外债都达几亿元。然后我又问甲是否给乙“限制高消费”了。

甲：“早就限高了，法官亲自和我说的，乙现在不能出国，飞机、高铁都坐不了。”

之后按照我们操作流程先给乙在网上订了一张高铁票，结果系统显示乙可以买高铁票，说明对乙没有“限高”。因为限了的话网上是买不了票的，系统会自动显示出来。于是我们立刻把这个情况通知了甲，当时他还不相信。

后来甲重新写一个申请递交过去，法院再给乙限高。

另外我们根据甲提供的乙6个手机号码打过去试试能否接通。我们一个个打过去居然有一个号码打通了。从电话铃声判断这个手机应该在国外。经验告诉我们一般在国外的时候你打他电话铃声接通的反应会比国内的时候慢很多，而且铃音响声也有区别。

这时乙接电话了，我们就顺口说是送快递的，快递单上的地址破了看不清，麻烦乙再核对一下。然后乙就说：“麻烦你把东西送到

××区×别墅，我现在在国外，一周以后回国再取。”

后来我们过去看，这是一幢新装修的别墅，隔壁房产中介说该房屋是年初的时候租的，年租金100多万元，光装修就花了300万元，可想而知债务人乙现在的经济状况有多好！

之后我们让法官通知乙要给他限高，这时他着急了，立刻让下属和律师联系了我们，主动商谈还款计划。因为他知道限高后他连飞机都坐不了，更别说出国了。最后谈下来我们约定乙要分期还款，3个月内还清，再加100万元的利息，合计700万元。在聊天中得知乙近两年来接到一个30亿元的大工程项目，所以现在有还款能力。这个项目5年内就做完，保守估计利润有2亿元。

三、案例分析与提醒

- 判决生效后要及时申请执行限制高消费。

如果你自己不主动申请执行或者限高，一般法官也不会主动去做，除非债务人名下有很多债务，这样才会自动限高。

- 目前还款能力要充分了解。

债务人前几年可能是没有还款能力，但近一两年来接到了新的项目就有能力还款，所以我们要持续密切关注债务人的经营状况。

实战案例十

如何面对有心无力的接班人

一、案例背景

时间：2021 年 8 月

债权人：东北某小贷公司 A

合同标的：800 万元

债务人：制造企业 B

逾期时间：2 年

二、案例描述

我一直强调，催收前一定要评估、判断、调查债务人目前的还款能力和还款意愿再确定如何去催。比如他现在有还款意愿没有还款能力怎么办？有心无力怎么办？

很多债务人，有很强的还款意愿，人品也不错，但是挣不到钱，没有还款能力，属于有心无力。债务人制造企业B欠债权人800万元，没有任何抵押物，这个钱已经借了很长时间了，当时是老板甲的父亲借的。借钱以后一直用于自家木材厂经营。但是父亲没有经营好这个厂，前两年也去世了，现在由甲接管这个工厂，债务也就由他继承下来。

这个工厂一年的销售额大约1 000万元，但木材加工的利润是比较薄的，大多也是贴牌业务，主要是给两家全国较大的品牌做运动复合地板。这个利润相对来说都比较低，估计8%左右，每年基本上利润为100万元左右，但是这个工厂之前有银行贷款1 200万元。

这样算下来，银行贷款每个月要付近7万元的利息，加上工厂每个月的开销一两万元，利润和费用基本持平了，没有可以还债的能力。

该工厂也没有什么资产，厂房占地约1万多平方米已经抵押给银行了，资产也卖不了，价格也卖不高。厂房如果升值，有可能卖两三千万元，还能还完债；但是资产不升值，也卖不了。债务人只好去当地借钱，但人家都知道他欠了一笔巨款没还，谁会借给他？老板甲是一个“80后”，人品还是不错的，我核实他说的情况，基本一致，属于“有心无力的债务人”。

综合分析该债务人的情况，也只能给他时间让他慢慢发展。就算现在去和他打官司，对他个人是会造成负面影响，但对债权人却实际上一点好处都没有。因为打了官司以后，接下来银行肯定也要打官司，银行打官司势必要拍卖厂房。厂房拍卖如果可以卖2 000万元，银行1 200万元拿走，债权人还可以拿到几百万元。但目前的情况是厂房拍卖不到理想的价格，打官司拍卖资产的最可能结果是先给银行后没剩多少，那打官司有什么意义呢？

该债务人上了失信名单以后，再和其他人合作，或者说去其他地方融资借款那根本就是不可能的。所以现在最好的处理就是让债务人慢慢经营，看看是否后面有更好机会。毕竟老板甲还年轻，人品也不错，过几年土地厂房增值了，如涨到2 100万元、2 300万元或3 000万元，再起诉他，拍卖房产相对还稳妥些。

三、案例分析与提醒

- 好心办坏事，吃力不讨好。
- 面对现实，保持理性。
- 转变思路，目光放远。

不可否认，上海2015年的房价和2016年的房价差很多。2019年和2020年也差很多。间隔虽然只有一年时间，但房价上涨30%。很多债务人之所以能还钱，就是房屋价值翻番了，增值了。如果碰上好时机，厂房也上升30%，那就能解决大部分欠款。

本案例中这个老板甲自己也在动脑筋，想把企业搬到大连去，因为木材厂的运输和进口，都是先到大连，再到他们这个城市，当中有一段路程比较遥远，运费比较高，现在他跟客户合作，把设备搬到大连去继续生产经营，每个月可以挣十万元左右。而自己在当地的厂房作为宿舍租给其他人，每年也可以多几十万元的收入，说明债务人还在努力。目前这个情况，对该债务人做催收工作都是无用功，心急吃不了热豆腐，只能面对现实，把眼光放得更长远一些，然后再看有没有机会去要回这一笔款。

实战案例十一

让债务人家属替债务人还款

一、案例背景

时间：2020 年 1 月

债权人：个人 B

合同标的：50 万元

债务人：个人 A

逾期时间：6 个月

二、案例描述

有的债务人有可能还款能力有限，目前还不出钱。这种情况下，他只能求助于他的亲属或者最亲近的人，让他们给想想办法，帮忙渡过这个难关。

债务人 A 是上海人，30 岁，向债权人 B 借了 50 万元，借款的时候说企业做生意资金出现问题想暂时周转一下。

这俩人平时关系很不错。债务人 A 留学回来，外表干净利落，朋友圈发的内容也都比较高大上，但其实他是自己做生意，没有什么实力。B 和他关系不错，当初就想帮他度过危机，就这样陆陆续续借出了几次，总共借出 50 万元，借的时候也没有提利息。但是借出后，到期了再要，债务人 A 却一分都没有给，而且总是瞎忽悠乱许诺，债权人 B 很生气。

我客观地综合分析了债务人 A 的情况，认为 50 万元他还是还得起。可能目前他的经济状况出现了问题，自己没有还款能力。要想让他尽快还款，可以让他的家人帮忙想办法，因为这个人既是单身又是独生子女。

我们与债务人 A 联系了以后，他也愿意出来面谈，我们要求要商谈的话，需要找一个担保人，可以是父母，当面大家一起谈。后来他把他母亲约过来和我们一起谈还款的计划。

我给出了还款方案，也和他母亲说了这几点情况：第一，债权人 B 借给他钱纯粹是朋友帮忙，并不是借钱要利息，并把借钱的来龙去脉和她讲清楚；第二，问她想不想帮自己的儿子？

有的父母在儿子出事情以后不会帮忙，但债务人的母亲能来，说明还是想帮自己儿子的，然后再看有没有能力帮。后来他母亲说，儿子的外债，一个是 50 万元，还有一个是一两百万元，如果要还，只有把家里的房屋卖掉，大房换小房。我让他们尽快卖房屋来解决欠款，不然肯定要打官司，欠钱也逃不掉，但是打官司后，会有被催款的记录，以后再去做生意，对方就可以查到，因为裁判文书网上都有。如果一时半会还不完，还要上失信名单，个人征信上就有记录了，对该债务人的将来业务发展也是很不利的，还不如现在主动卖掉房屋还款。

他母亲认为我分析得很有道理，说尽量在一个半月的时间内把房屋处置掉，后来到了 2 月底时，已经把房屋卖掉，钱也还了。

这就是通过和债务人家属沟通，稍微施加一点压力，让债务人或者其家属尽快还钱。

但是和债务人家属沟通，也要记住一点，就是将心比心，我们说的欠钱的情况都是事实，但如果债务人是去赌博或者高消费的话，让家属背这个债务，其实越是帮忙还钱，越是害了债务人。

三、案例分析与提醒

- 债务人实在没有能力还款只有找家属帮助。
- 判断家属是否有能力，是否愿意还款？
- 与家属沟通将心比心，我们不是让家属还赌博债、高消费欠款、高利贷，这些债务越还越多，我们是正常的债务，不还以后打官司更不利。

实战案例十二
如何与执行法官“打交道”帮你回款

债权人的官司打赢后，债务人如果没有按时还款，案件就会交到法院的执行庭，让执行庭的法官去执行这个案子。

因此有很多案子都在执行庭执行的过程中，在这个过程中也需要及时跟执行法官沟通，在法官的帮助下顺利地拿到执行款。不可否认，法官的的确确是比较忙的，上海一个区的执行法官每人手中约有 150 起到 300 起案件要去处理，在法官能力和精力有限的情况下，如何让他用心负责地去关照自己的案件，帮助回款，是需要技巧的。本讲是介绍一些有效沟通的方法。

首先债权人要搞清楚，哪些事情是法官在能力范围之内可以帮助做的，哪些事情是做不到的？不是说案件到了执行阶段，就都由法官去办。特别是有些债务人的确什么资产都没有，在既没有还款能力也没有还款意愿的情况下，法官也无能为力。

[**例 1**] 债务人欠 A 的款项是 500 万元，但债务人总体外债已经 2 亿元了，并且拖欠了有 10 年之多。执行法官也很想把这个案件执行下来，但是难度太大。法官自己去案件涉及的烂尾楼大概几十次，就是执行不下来。楼里的原建户太多，拍卖流程进入不了，一旦要拍卖，就需要把这些原建户迁移出去，但这些原建户也是付了钱来集资建这楼的，一旦办不好，这几百个人如果闹事，也涉及社会安定。另外该债务人是胃癌晚期，而对于癌症病人是没有办法拘留的。所以这个法官在能力范围之内能够想的办法能够做到的都做了，但执行难。

[**例 2**] 债务人欠款金额是 15 万元，案子已经到了执行阶段了，这个债务人也是上海人，48 岁，现在在开滴滴，收入比较稳定。我建议债权人到执行法官那边多跑几趟，加深印象，最好是能让执行法官拘留债务人，只要一拘留，债务人绝对能够还 15 万元。多给执行法官打电话，勤沟通，这个 15 万元绝对能拿得回来。

债权人听了我的建议，反正也退休了，一有空闲就到法院去找执行庭的法官。果然，没几天执行庭法官就把债务人拘留了，拘留 3 天时，债务人的母亲给债权人打电话，说当天先给 10 万元，还有 5 万元下个月还清，请求法院先把她儿子放出来。拘留了 3 天能收到这些钱，还是有效果的。所以债权人有空就多跑跑法院总有好处。

法官每周有一个固定的接待日，比如每周一上午或者每周三下午有半天的接待日。但法官手上的案件比较多，接待日最多接待 20 个来访者，接待时间也不会很长，有的简单案件可能只需要几分钟，复杂的可能要半小时，再加上调解的时间，所以尽量在接待日早点过去。比如接待日是下午 2:00 开始的，那就提前去。上海有的法院是要先拿号，早点去，前面拿的号可以跟法官多交流一下。

法官忙时，如果没有接电话，可以发短信。有些事情督促一下，给他发短信一直提醒他这个事情，他会明白你对这个事情是比较认真的，也会尽力处理。

还有就是多沟通、多联系、多跑跑，让法官加深对你的印象。因为法官他也想把这些案件执行回来，毕竟每个法官他都有一个考核的标准，那你自己多努力一下，法官再帮帮你，相对来说就加快了推进的速度。你自己不去努力，真的去靠法官帮你执行，除非是很容易执行的案件，稍微有点难度，的的确确他们没有那么多精力和时间，毕竟一个人要管几百个案子，所以你自己还是要上心去做这些工作。

案例分析与提醒

- 明确哪些事情法官能做，哪些是做不到的。
- 法官实在没时间，替法官做一些力所能及的事。
- 多沟通，多联系，多跑跑，让法官加深对你的印象。

第三篇

问与答

问答一
为何需要职业催收人

市场为什么需要专业催收人员？我觉得主要有三个原因：一是现代社会讲究专业化分工；二是现有的公立救济资源远远不够；三是营造良好的社会信用环境。

一、催收更专业

专业化分工在现代社会越发重要，医生有专业能力去治病，厨师有专业能力做好菜，所以让专业的人做专业的事这很重要。

如民间借贷新的利息规定出台后，第二天某债权人收到一笔款，但数字不对，少了一点。原来是债务人按照前一天公布的政策，即民间借贷利息不能超过15.4%交付利息，之前是两分利也就是年化24%。所以老赖的学习能力也非常强。因此催收人员既需要知识与技巧也需要有一定的针对性。

催收还包括对政策的把握和理解，如老赖对催收动辄扣上“黑社会”的帽子，打着政府正在“扫黑除恶”旗子赖账。催收工作有违规行为的话，债务人会向银保监会举报催收不合法。通过这种方式给银行等债权人压力使债权人放弃部分或全部债权。

二、现有的司法资源有限

民间借贷官司太多了，而现有的法院数量有限，一些法院还设置了起诉数量限制，有的信贷公司要起诉几十笔甚至上百笔小金额的案件，法院都不会受理，主要是因为没有这么多的精力和人手。

目前法院也开了诉前调解中心，目的是及时处理一些简单的案件，做到诉调结合，调解不成再诉讼。

三、助力营造良好的社会信用环境

信用体系不完善已成为制约我国经济发展的突出问题。建立一个诚信守法的“社会信用体系”，风控催收是其中必不可少的一个环节。随着改革开放的进展，我国经济已步入社会主义市场经济的轨道，各种信用交易方式不断推出，银行信用贷款、企业赊销赊购和个人信用消费行为日趋增多。

然而在信用交易规模不断扩大的情况下，社会信用秩序混乱已成为制约我国经济发展的突出问题。大量银行贷款逾期使商业银行不良贷款不断增加，金融系统风险加剧；企业之间三角债务链久拖难解，甚至拖垮部分企业；个人消费信贷中的一些恶意欠债行为也不断暴露出来。做好风控催收，有利于完善社会信用体系，助力社会经济发展。

问答二

没有法律凭证如何打赢官司

现实中很多债务纠纷案件可能缺少一些主要的法律凭证，那这个官司能不能打？或者打不打得赢？

如有些债务纠纷中涉及夫妻共有财产的，需要夫妻双方签字，老婆没有签字的话，就只能诉讼老公。但是如果可以证明老婆是知道这一笔借款的，事前或者事中老婆都是参与其中的，也可以按照夫妻共有财产诉讼夫妻两人。有些利息没写明的纠纷，《民法典》规定，按照没有利息计算。但如果在纠纷中，虽然利息没有写明，但是债务人前期还是每个月按一定数额支付利息的，也可以算作是正常利息。因此，没有借条，或者没有相关法律凭证时，就需要获取更多的相关证据去证明事实的存在性，这样后续也还是有胜诉的把握。

问答三

法院调解优势在哪里

法院的案子太多，如果每一个案子都要判决的话，耗费的时间和精力都会较长。所以法院在受理了类似的案件以后，会初步判断一下，如果债务人有还款意愿，法院也会给债权人做工作，再约债权人和债务人双方协商是不是能调解。调解有什么好处？

第一就是省时、省力、省钱。如果是判决的话，最起码需要一两个月的时间，调解是非常快的，最快当场就能拿到调解书。例如，无锡某债务人欠款50万元，法官把债务人和债权人都约了过去，法官协调说债务人真是暂时有困难，但可以承诺每个月还10万元，债权人看是不是可以？如果双方同意，立马出具调解书，法院盖章。

在法律效力上，调解书等同于判决书，效力是一样的。如调解以后约定每个月还10万元，债务人不还款的话，债权人可以申请执行，和拿到判决书的申请执行是一样的。但如果现在不调解，那判决有可能是需要一两个月，调解了以后，当场就可以拿到调解书，下个月就会有钱还给你，省时省力，而且调解费用也比诉讼费省一半。

第二是调解回款比例可高达 70%。调解也是给债务人一个喘息的机会，有的债务人可能一下子还不了这么多钱，给他一点时间和空间，约定另个时间还款。

如某债务人欠款 2 300 万元，最后调解是 1 500 万元，而且是分两年还清，如果是判决执行的话，他目前也很难一下还清这么多钱，调解就多给他了一点时间。后来第一期、第二期的 300 万元债务人都还了，其生意也慢慢地向好发展。债务人能在调解书上签字，也是做了充分考虑的。所以，判决后案件执行能拿到回款的比例，现在一般来说不会高于 20%，但是如果能在调解书上达成一致，一般回款实现 70%。

特别是一些涉及金额较大的案件，涉及利息较高的案件，或涉及诉讼时间失效的案件，不如先退一步，先做调解。不管怎么样，调解书拿到了，就等于是拿到了判决书，债务人应该分期还款，一旦做不到，立马申请执行，省时又省力。

建议大家在实际处置的过程中运用好调解这个环节。

问答四
年关下的回款预期如何调整

年底是催收回款的一个大周期截止时点，俗话说年关难过，即使很多催收工作前期都进行了，最后还款基本上都是在 10 月以后。特别是在新冠肺炎疫情之下，很多时候都要调低对催收工作实效的预期。如欠 100 万元，在大家都谈好的前提下，基本上 100 万元八九不离十都可以要回来。目前这种情况，如果别人答应你年底还 100 万元，实际能拿到 70 万元就已经是算成功催收了。因为债务人的还款能力是与其经济状况挂钩的，而在目前全球经济都是负增长的情况下，回款比较难，所以要调低心理预期。

一、经济下行还款难提前：分期前几期都易出问题

但是很多债权人没有心理预期的建设，都不愿意接受这个事实。

如做新能源车的债务人欠某客户 600 万元，谈好了分期还款的计划，从 8 月到 12 月分 5 个月还清。这个计划能不能顺利实现，关

键还是要盯紧催收。客户认为这个计划已经给了债务人很宽裕的时间，应该没有问题。但实际情况是，第一笔钱 80 万元顺利收款了，这个客户还得意洋洋，认为计划很好。后来，第二笔要还 180 万元，这笔金额较大就出问题了，债务人央求拖到 10 月。我坚决不同意，要求这 180 万元本期多多少少要还一点，不能全部拖到下一期，结果到 9 月底之前只还了 40 万元。

某债务人欠张某本金 9 000 万元，利息已经超过 1 亿元，判决书已经有六七年了，但一直没有发现债务人的财产线索。张某认为，如果能发现这个债务人的财产线索，本金 9 000 万元加利息 9 000 万元，至少能收回 1.8 亿元。而实际上，张某当初借钱给债务人时是信用贷款，没有抵押物。如果像银行一样有抵押物并且抵押物充足，那收回本金和利息可能没什么太大问题，也就是时间上会拖延一下，金额上不会少。现在债务人已经是失信被执行人了，有的资产都被银行查封了，张某很难拿到余款，更不能想着靠发现一点线索，就想要回本金和利息，张某的心理还款预期太好了。只有把发现的债务人财款线索夯实了，才能考虑本金和利息的收回概率。

二、下调预期之外，还要跟紧

债务人陈某承诺 1 500 万元的借款分两年还清，2021 年 5 月还了 300 万元，7 月本来要还 300 万元，但一直没有还。我预估到了他的这个情况，所以保持每周和他联系一两次，一是了解他现在的经济情况，二是万一有风吹草动也可以采取应急措施。在日常的联系中，我发现他的业务还在开展，有关项目还在正常进行，不能按时还款的主要原因是第三方未付款，导致拖欠，并没有很出格的事。

新冠肺炎疫情之下，很多的分期还款还是要尽量跟进，不要满打满算。特别是在年底很多人的资金是比较紧张的，三角债、连环债各式各样，这个时候债权人就要把催收还款预期调整好。

问答五

分期还款两个要点：尽快拿到首期，后期可适当打折

分期还款给了债务人一个宽限的时间，是让债务人喘一口气的同时也让他感觉到债权人是体谅他的，不是说非要一口气把他给逼死，希望他在经营的过程中赚到钱了，或者是一个什么事情处理好了，慢慢再还我们钱，分期还款就起到这种作用。

分期还款中有很多的注意事项。首期款必须尽快拿到，不要嫌少。如某债务人计划分期还款 100 万元，每个月还 10 万元，如果现

在是8月下旬了，5天之内先把这个10万元拿到，后面的10万元每个月还。千万不能这样分期还款，不能约定100万元要一年之内还清，可以3个月后先还30万元，再过3个月再还30万元，最后还清。千万不能这样约定，一定要把首期款尽快拿到，不管是多少，每个月还10万元，10万元目前没有的话3天之内或5天之内先给5万元，之后再补齐。尽量促使债务人每个月都还款，千万不能把分期还款的时间间隔拖得非常长。

[例1] 某债务人欠款金额是300万元，大概是2018年七八月间，催收人员与债务人已经谈得差不多了，债务人分期还款每年还100万元，催收人员认可。但是，要求2018年的100万元必须立刻开始偿还，之后每个月15日还15万元，还到12月底正好还清100万元。一般来说催收思路都是这样的。

但是这个债务人动了一个小脑筋，他直接和债权人联系了。债权人是一个60多岁的女同志，心肠也比较软，没有和我们打招呼就私自答应了他，说到年底再还100万元，还私自签了一个协议。债权人这个行为是不恰当的，因为催收公司介入时，债权人要及时沟通和商量。但债权人却私自同意债务人分期还款，而且同意半年后收首期款，而之前的催收约定是半个月就拿到首期款，这个差距就太大了。后来因为债权人同意，催收人员只能照办。2018年底再去要时，债务人说没有钱，拖着。后续2019年的上半年才催收了近50万元，但之后再催就催不到了，债务人已被抓进去了。

按之前的催收计划，2018年说好是每个月还15万元，催收人员盯住债务人，保守也能收到100万元，再催到2019年上半年，最起码150万元可以拿到。但由于债权人私自同意，最终损失了100万元。

［**例2**］债务人欠款2 300万元，其中有900万元由债权人的一个项目抵扣了，债权人也认可，但还有1 400万元约定分14年还，每年还100万元。当初签还款协议时是年底，我强调债务人必须在过年之前先还50万元，然后7月再还50万元，即总体安排是每年过年前还50万元，7月还50万元。后来债务人在过年前凑了40万元，还差10万元实在凑不出，就在7月又补了10万元。现在基本上债务都还清了。

所以，关键点在于，如果债务人能够接受分期还款安排，第一笔钱能够顺利拿出来，说明其还款意愿是非常强烈的。如果分期还款的第一个月，第一笔还款都没有做到，那就更要仔细评估债务人的还款意愿和还款能力了。

特别注意：打折条款需写明、写对、写清。

分期还款涉及打折时，债务人与债权人的协议要清楚明了。如本金连本带息是120万元，约定分期还款时，可以这样协商：半年之内还掉这笔钱的话，20万元的零头可以减免，半年内只还100万元，如果你半年之内做不到，那就还是要还原来的120万元。

有了这项减免条款，大多数债务人会很努力地还款。如果债务人真做不到的话，按照协议他还是要还20万元的，这一条要写清楚。

另外，分期还款谈判时或施压时也是有技巧的，即一定要尽早、尽快地收取分期还款，不要嫌少。收一点是一点，越快越好，至少是多多少少在收回欠债。债务人的还款的次数越多，债权人掌握的主动性就越大，千万不能把时间拖得太久了！

问答六

电子证据是否可以正式作为打官司的证据

从2020年5月1日起，电子证据可以正式作为打官司的证据了。

微信使用人的身份，认证电子数据主要有以下四个途径：

第一：对方或者当事人自认的，认可手机里的短信是自己发的。

第二：微信的头像和照片可以辨认，当事人的头像或者发的朋友圈，这其中的照片、视频及链接也可以是证据，只需要证明是其本人的微信。

第三：网络实名电子数据发出认证的材料。机主身份认证、手机都是实名制的，只要是通过当事人的手机号码发出的电子数据材料也是证据。

第四：第三方机构调取的材料。不管民事或刑事案件，当需要聊天记录做证的，就需要有关平台的，协助调取聊天记录。聊天记是录储并存在云端或者是区域链中的，是不可以修改的，可以随时调取，鉴于其真实性，可以作为证据。

需要注意，微信和短信最好要保留聊天记录的完整性，不要随便删除或调整，特别是和债务人的对话中，一些关于借款的内容要原封不动地保留。

在提交材料时，也可以让法官通过微信或者是短信直接联系债务人。只要是债务人本人接通的，就能马上确认。但有些人会有几个微信号，有小号大号，而且有些微信号不是实名的，就比较麻烦了。最怕是遇到在外面买的“太空号”，手机号也不是债务人的，头像也不是债务人的，朋友圈也没有债务人的照片等任何记录，如果打官司，这样的证据就不会被认可。

另外，聊天中或者交流反馈的信息中最好要实名＋署名，有身份证号码等就更好了，只要在聊天记录中有真实体现，即使债权人没有借条，这些记录也可以作为证据。

问答七

家具城卖家具的小商户收钱后跑路找谁要

2019 年 7 月，张某在某家具城中的一个小商户那里订购了 16 万元的家具，订购协议签订并付了钱款，但第二天当张某再去找这个小商户时，发现这个小商户搬走了。

这个小商户当时还是能联系的上，他让张某放心，家具说好是 10 月 1 日前送到，他会履行这个合同。张某等到 10 月 1 日还没有送货，就一直在联系在催促，但明显感觉小商户其实并没有交付家具的能力，家具没收到货，这 16 万元的货款也不给退，该怎么办？这些货款到底找谁去要？

张某首先想到的就是去找这个家具城。他毕竟是在家具城里买的，因此去找家具城投诉。家具城给他了一个拒付的理由，说张某的货款没有打到家具城的账户里，而是直接付给了小商户，让张某直接找小商户要款。

我给他提了两个方案。第一个是从家具城角度分析，家具城是应该承担连带责任的。因为物权法规定，小商户在家具城的承租期间内收的货款，只要是在其搬走之前买的家具，就可以找家具城。

第二是从小商户角度分析。小商户应该知道自己经营状况不好，可能收到钱但交不出货。在明明知道自己经营状况不好且交不出家具的情况下还收钱，这可能会构成犯罪，即合同诈骗。因为小商户隐瞒真相，虚构事实，并且非法占有，这些都是诈骗犯罪的要素。

这时应该去找家具城，找家具城要一份解除小商户租赁的协议或合同，或者小商户有没有发给家具城一个通知说不干了，要搬走。

如果小商户 6 月就把通知发给家具城了，就可以做刑事诉讼。16 万元的金额虽然不算特别巨大，但如果诈骗罪成立，也要吃三五年的官司。

拿了这个证据再与小商户谈，说明现在不是纯粹合同纠纷赔钱的问题，而是涉及刑事诈骗。用刑事官司的压力去跟小商户沟通，把道理说清楚，并把家具城的凭证调出来给小商户看，后者大多是会退款的。

问答八

儿子借网贷，父亲需要替他还吗

刘某今年27岁，欠了30万元的网贷。他借了钱用去赌博，在网上赌，先是一两千元的输赢，后来越赌越大，没钱还不起就去借网贷。儿子向父亲坦白后，父亲只能好好工作，想办法替儿子还债。父亲是工薪阶层，打工收入每月也只有几千元，30万元欠款对他来说也是一笔巨款。

有不少家庭面临这样现实的问题，孩子借的钱，父母要不要还？不还会有什么后果？不还的话，债务人可能会上征信，上黑名单，影响孩子的未来，找工作都难。特别是上了失信黑名单后飞机高铁坐不了，还会影响征信。

但如果帮孩子还了钱，他会不会再去借，会不会再去赌博，会不会再去高消费，债务会不会越滚越大，窟窿越挖越深了，那怎么办？

如果孩子赌博依旧，高消费依旧，那父母不如不还。孩子上了失信黑名单，网贷机构可以查到，就不会借给他钱了。如果父母帮孩子还了，可能会助长其高消费和赌博。特别是屡教不改的，应该坚决不帮他还。

问答九

“90 后”网贷欠款 70 万元，月利息 1 万多元，收入才 6 000 元，怎么还

“90 后”借款人陈某咨询我，说欠了 70 万元的网贷，实际本金有 30 多万元，现在每个月支付利息 1 万多，而他每月收入只有 6 000 元，怎么还？需不需要还？

陈某每个月挣的钱肯定不够还款，就用贷款还借款，以贷还息，以贷养贷。我了解到他这种情况，比较着急，怀疑他借的不是正常的网贷，而是遭遇了高利贷、砍头息甚至于套路贷。

陈某说一开始时，他是通过信用卡推销借款，三年多借了 50 万元，后来又在支付宝、京东、微信、微利贷、平安、浦发、360 借条、微博零用贷等平台上陆续借款，基本上能借到的他都借了。

他所借款的这些网贷公司，都是正规机构的网贷公司，不涉及

高利贷、砍头息，属于正常利息。但现在正常利息率也蛮厉害，法律规定正规金融机构借款利息在年化24%之内是合理合法的。

了解了他的情况后，我给出了我的建议：

（1）既然借款的平台都是正规的网贷机构，这些钱是必须要还的，不还的话对方就直接到法院起诉，就会限制你高消费，纳入失信被执行人黑名单，飞机高铁都坐不了，以后结婚也都麻烦，谁会嫁给一个老赖？

（2）可以让对方提起诉讼，按照法院的判决来还钱，因为利息和违约金加在一起来确实是偏高了，按照目前的收入根本还不起，而法院不会多判决一分钱，法院是公正的。

（3）可以和网贷公司负责人谈一谈，把真实的情况告诉这些网贷机构，以目前入不敷出的收入状况，即使不吃不喝也根本不够还他们贷款的，可以让他们去评估或者是给你优惠一点，把你的罚金、违约金免掉，就还正常的本金和利息。

陈某之所以形成这样的债务是因为刚开始借得挺容易，拿到手就随便花，然后手上钱不多了，就开始算着花，后来再算着还，最后是借钱还。陈某在三线城市工作，本来生活是挺幸福的，现在借了网贷以后非常后悔。

第四篇

重点提示

提示一
合规催收的边界

催收容易引发纠纷和风险，某些地区出现催收公司涉“黑”案件，在扫黑除恶专项行动中也不时出现“非法催收公司”的字眼。那么，催收工作的法律边界到底在哪儿？

中国银行法学研究会理事肖飒2020年1月13日对《21世纪经济报道》记者表示，催收合法债务，一般不构成犯罪。问题是“合法债务”怎么界定？如果是追讨超过年化24%以上利率的部分，则可能属于“不合法债务”，在进行催收时容易引发法律风险（年化24%的利率是指金融机构，民间借贷利率不超过15.4%）。

套路贷是2019年以来重点打击的对象，套路贷主要是借用“合法民间借贷”的名义，通过“虚增债务”“签订虚假借款协议”“制造资金走账流水”“肆意认定违约”“转单平账”“虚假诉讼”等手段非法占有他人财产。

由于套路贷的手段复杂，动机不一，在司法实践中，不会统一按照某一罪名处置，而是按照具体行为的特征进行定性。

比如说如果想要本金 + 利息，有可能会涉嫌诈骗；如果只想敲诈一点“通融费”，可能涉嫌敲诈勒索。对于有组织的催收行为，“地下执法队”等可能构成“恶势力”，甚至构成黑社会组织。

在这种情况下，有些网贷企业做了法律风险隔离，称自身跟有组织催收的催收公司没有任何关系。即便如此，作为“雇佣者”“指使者”还是会被处罚。

2019 年 10 月 21 日，最高人民法院、最高人民检察院、公安部和司法部联合发布的《关于办理非法放贷刑事案件若干问题的意见》中专门提到，要对暴力催收予以严惩。为强行索要因非法放贷而产生的债务，实施故意杀人、故意伤害、非法拘禁、故意毁坏财物，寻衅滋事等行为，构成犯罪的，都应当数罪并罚。纠集、指使、雇用他人采用滋扰、纠缠、哄闹、聚众造势等手段强行索要债务，尚不单独构成犯罪，但实施非法放贷行为已构成非法经营罪的，应当按照非法经营罪的规定酌情从重处罚。

业界普遍认为，除了政府部门加大对“扫黑除恶”的打击力度之外，近几年催收不好做更重要的一个原因还是，经济下行人民生活压力大，很多债务人确实是有心无力，还不起钱。

提示二

欠债不还就是“老赖”，有钱不还该如何认定

福耀玻璃的老板曹德旺在媒体上曾说：“不要用老赖形容破产的企业家。”因为现在企业家都很辛苦，创业不容易，能坚持下来的更加不容易。虽然他们现在破产了，但也不是说不还这个债务，是真心还不起。所以他说请不要用老赖去形容他。

看了这篇报道以后，我感同身受。欠债不还，就是老赖吗？有钱不还，该怎么去认定？因为老赖应该是有钱不还的，不是那种良性的债务人。的的确确还不出了就是失信被执行人？老赖就应该是有钱他不还。

什么叫老赖？什么叫有钱不还？去做这样一个定义。我把这情况分为三种。

第一种：真还不起钱，我觉得这种人不应该称之为老赖。就像我们 18 年时温州破产法出台以后，温州法院处理了个案子，欠 214

万元，最后还多少钱？3.2 万元，1.4% 都不到。债务人是夫妻两人，每个月加起来收入只有 8 000 元，而且身体也不好，需要看病，还有一个上大学的女儿。真是还不起，以后也难挣到。这种人我觉得就是良性的债务人，我觉得不能称之为老赖。

第二种，借了钱，就想少还一些钱。有可能他当初借钱的时候，他是想还的，本金也还，利息也付。那么现在有可能经营状况不好了，他有可能想本金还，利息就不还了，甚至于本金也打一点点折扣。毕竟他想我自己总要过日子，我只有 1 000 万元，全部还了，我该怎么办？最好还个 200 万元或 300 万元，我还有个七八百万元过日子。

第三种：纯老赖。就是钱他不想还，一分钱都不肯还。

在现实生活当中，要分清楚这些债务人的具体情况。到底是什么样的？要做一个充分的认定，有钱不还，如何去认定？自己要认定好，债务人属于哪种类型的？做好一个预判性的工作。

提示三

高利贷和套路贷的区别

2014 年时很多人都不知道什么叫套路贷，我那时候就给套路贷做了一个定性。套路贷是打着借款的名义，侵吞被害人唯一房产，让众多的老人和孩子流离失所。打着借款的名义，实际去骗借款人抵押的房屋，这是我 2014 年的时候给套路贷的定义。现在公安部、检察院和法院都对套路贷有了更新一层的定义：

第一，以民间借贷为诱饵，骗取受害人签订虚假合同，增加债务。

第二，伪造一些流水。

第三，恶意制造违约，迫使受害人继续借款平账，不断累高债务。

第四，达到非法侵吞借款人资产的目的。

高利贷是借给你 100 万元，想赚你 100 万元的利息，这是高利贷。现在国家都有规定，金融机构年化 24%之内是合法的，超过了 24%就属于高利贷了，民间借贷不超过 15.4%（LPR 的 4 倍）。他无非是想多赚一些利息，高利贷从古至今都有，古代的时候就有了，一个愿意来借，一个愿意借出去，这个在双方借贷之前都有一个约定的，只不过是利息偏高。

套路贷是借你 100 万元，想侵吞你 500 万元、1 000 万元的房屋，这是 5 倍 10 倍的利润了。利息收益他看不上，他希望通过你违约或者是虚构债务，最后把你抵押给他的房产给侵吞了。所以套路贷属于犯罪。现在不管是大的借款，还是小的借款，我们一定要去正规的机构借款，防止高利贷，更要防止套路贷。

提示四

借条如何规范撰写

现实生活中我们会碰到很多借贷的问题，有的是朋友借钱，有的是企业做生意需要借款等。这时就需要写一个规范的借条来保护自己合理合法的权益。

很多人因为借条写得不规范，或者是不会写，没有写，最后去打官司或去维权时，没有合理合法的凭证，导致自己败诉，吃亏。这里给大家普及一下规范的借条是如何撰写的。这里有几点需要注意的：

第一点：必须在开头写清楚是“借条”，因为是借贷的关系，必须写借条。不要写欠条，不要写收条，必须写借条。

第二点：借款用途，比如说购买房屋，或者是买设备，或者是周转资金，借款的理由、用途写清楚。

第三点：出借的金额是多少，大小写都要写清楚。

第四点：借款人名字和身份证号码写在一起。

第五点：是以现金还是汇款的形式，付款的方式要写清楚。

第六点：借款的期限，比如：借款期限6个月。

第七点：利息是多少，1%还是2%，还是年化15%，月息还是年息要写清楚。

第八点：归还的时间，如2019年12月30日以前归还，是本息一起归还，还是每月付息，月利率是多少，到期还本，这个要写清楚。如未还清，我愿意承担什么损失，上面要标清楚，我愿意承担某某通过诉讼等方式追讨欠款，我应支付律师费、诉讼费、公告费、保全费等其他的费用，这个要写清楚，万一没有按时还款的话，还将承担额外的费用，不仅要还本金、利息、违约金、律师费，后面的损失都是要借款人承担的。

第九点：若因本借款发生争议，在某某管辖地的法院进行诉讼处置，因为借款案件你可以在债权人的所在地，也可以在债务人的所在地起诉，最好是约定一个所在地，这样就没有纠纷了，万一对方说在债务人的所在地，债务人是在外地的，那这个诉讼相对来说成本就会比较高，最好约定一个对自己有利的法院管辖地。

第十点：最后结尾是写借款人某某，在借款人签名处按上手印，身份证号码写在下面，时间写好，最后再备注一个，借款人确认以某地址作为相关通知及诉讼等材料的送达地址。若发生地址变更，应向出借人提供新的地址，把诉讼地址给明确了，到时候打官司的时候，法院要寄传票也寄不到，所以要约定一下地址。

提示五

投资在 P2P 公司的钱如何去追讨

现在有很多的网友、客户、朋友时常会来咨询我，说在某某P2P 公司投了钱，现在 P2P 公司倒闭了，怎么去要钱？还有一些老人受骗上当了，孩子们都不知道，老人把自己一辈子的积蓄都投到了 P2P 公司，现在 P2P 还在运营，孩子想把这个钱要回来，都来咨询我如何操作？

P2P，简单来讲就是“点对点借贷”，网络信贷公司提供平台，借贷双方自由配对，也就是一个中间撮合业务的机构。谁需要借钱，通过 P2P 公司融资。如张三做生意需要 100 万元，那李四等人手里正好有 100 万元的闲钱，然后点对点直接融给张三。P2P 公司自身是不碰钱的，只是点对点的撮合机构，挣中介费。

但有的 P2P 变成了网上诈骗机构，自己融资，虚构客户借钱。一是把客户的钱融到 P2P，P2P 本来就是中介机构，让客户把钱存到P2P，就变成了非法集资，非法吸收公众存款。二是虚构或者是夸大客户的借款事实。如根本就没有借款事由，P2P 编造一个；或者借款客户需要 100 万元，P2P 显示需要 500 万元、1 000 万元，夸大事实。三是没有专款专用。很多 P2P 公司通过“借新还旧”的方式运营。融资金额不断扩大，越融越多，窟窿也越来越大，导致恶性循环。

如何向 P2P 公司要钱？我一般建议投资者和亲属自己盯着公司去要，利息也不要追了，快把本金追回来。如果 P2P 已经爆了，怎么去要呢？P2P 公司爆雷后，公安经侦就会介入，所有的回款都是在公安或者是法院的监控下，专款专用。比如某 P2P 公司对外融了 100 亿元，有一些是自融的，有一些没有专款专用，还有一些对外投资或借贷。法院会追回这些对外债权，有可能 20 亿元，有可能 30 亿元。如果一年的时间，追回 10 亿元，占总金额的 10%，那就按 10% 的比例给所有的投资者清退。如你投资了 100 万元，就给你 10 万元；投资了 10 万元的，就给 1 万元。这种情况打官司是没用的，只能等待。

需要注意的是，一旦 P2P 公司出现了爆雷经侦介入了，你必须立刻去经侦队备案，拿着当初的协议和汇款凭证，做好登记工作。以后按照比例清退的话，也不会漏了你。就怕有的人不去登记，也不知道怎么弄。经侦也不会一个一个核对，金额比较少的可能会遗漏，而没有登记的最后连 10% 都要不到了。

另外，还要看当初的投资协议，上面有没有约定你这一笔钱投到了哪个项目中，有的是自融的，没有说这个钱投到哪里去，有一些公司规范一点，如正好是有一个酒店的项目，融资了 3 000 万元，我就用于酒店的投资，会写得比较清楚。这时你要去关注这笔钱是不是投资到了酒店，这个酒店的项目是不是可以收回利润。有可能3 000万元投资某个酒店，这个项目挺好的，有可能不损失。所以要关注点对点的投资项目，如果有利，就不要算统账，不要平均分配，那损失就大了。本来可以80%到90%的拿回这个钱，分配到其他项目上，可能拿回10%、20%了。

提示六
解读个人破产制度，谁欠钱可以不还

企业有破产，个人为什么不行呢？

啥是个人破产制度呢？简单理解就是，当一个人借了钱却还不上时，可以申请个人破产，这样就可以抹除债务的积压重新开始。像这样的破产制度，在美国、英国、澳大利亚、德国、法国、日本已经实行，中国香港和中国台湾地区也有，算是和国际接轨。

如在中国香港一旦宣布个人破产，债务人即进入法院清算程序，接下来的4年内只能保留最基本的生活费，期间所有的收入都要用来还债。只要债务人积极还债、遵守约定，期限一到即可解除破产状态，尚未还清的债务也可以免除。

允许个人破产对于创业创新而言，无疑是一种鼓励和宽容。破产制度基本上就是保持债务人的基本生存，其他资产全部拍卖还债，破产期间的收入也只能用于偿债，不能高消费。个人破产更多针对的是有心无力的债务人，但很多质疑的声音是不会给老赖钻空子的机会的。

这个现象是否会发生，主要是看破产制度的设计和执行是否接地气。如果债务人借了几千万元，然后不还，把财产转移给了儿子或者亲戚，然后去申请破产，那法律执行机关是要调查你和你相关人员的情况，比如你儿子二三十岁却有了几千万元，那收入是哪里来的？说不上来这个申请破产就不准通过，钱该还还是得还。

破产制度保护的是有诚信的债务人，帮助其渡过一时的难关，即个人破产制度应该也是“看人”的。

如在浙江台州的个人债务清理中，若被执行人存在因赌博、挥霍消费等不良负债、欺诈等规避执行等不诚信行为的，是不能进行良性的债务清理程序的，并且还可能有刑事处罚。对于老赖来说，轻者生活受影响，重者还可能面临牢狱之灾，而一个人一旦有了信用污点，就是一辈子的事了。

另外，目前我们的大数据和信用体系是越来越完善了，想要恶意赖账或者转移资产基本没有操作空间。

从大环境来看，个人破产制度可能保障的是我们每一个人。但对于大部分债权人肯定是不想它出台的，这样肯定或多或少有经济上的损失。

提示七
“老赖”中的“三、六、九等”

“老赖”的定义：欠债不还。有还款能力就是不还款，自己还高消费，生活品质不受影响，并且胡搅蛮缠，想尽各种办法阻止债权人正当维权、催收欠款。

三等“老赖”：欠款金额50万元以下，逾期时间3～6个月。赖账行为体现在以下几点：电话不接、推脱、能躲就躲。

反催收策略：整天哭穷，或者推迟还款时间从而达到开溜脱逃的目的。反正他想躲一天是一天，心想你们也不可能为了这点钱整天找我麻烦。

六等“老赖”：欠款金额50万～1 000万元，逾期时间6个月～2年。赖账行为体现在：失联、转移资产。自己名下没有一分钱，钱转到儿女名下，让他们过上好日子，自己这一辈子无所谓了。就算上了“黑名单”，也准备好一辈子不坐飞机、高铁。还有的换个壳子重新经营企业，原企业债务破产了，找别人代持资产等等。

反催收策略：先是让债权人找不到，或者公司、家庭都有保安，很难随时进入。还有一些“老赖”会带一些“马仔”随时保护自己。更恶劣的会在遇见催收人员时叫上一帮社会混混过来挡债。

九等“老赖”：欠款金额 1 000 万元以上，逾期时间 2 年以上。赖账行为表现在：光明正大地转移资产，在法律的范围内很难要回任何钱。自己及家人都过着光鲜的生活。他们都把赖账当挣钱了。骗来的、借来的、能赖掉的都是他们的“利润”。很多债务人资产有 5 亿元，负债 10 亿元，实际亏损 5 亿元，但负债都赖掉后，他就是这 5 亿元的老板。

反催收策略：公司、家庭大门紧闭，外人别想见到老板一面。有的债务人虽然上了“黑名单”，但他有外国护照，所以飞机、高铁、五星级酒店照样能享受，法院和普通催收人员都找不到债务人，他们依旧遥控指挥着企业的一切业务。

还有的债务人光明正大地在企业经营工作，当债权人去催收的时候，他们想办法动足脑筋，给催收人员设计陷阱，通过当地某些关系让债权人深陷牢狱之灾，或者达到不再找他们要钱的目的。更恶劣的会举报、诬陷、诽谤债权人，甚至恶人先告状，颠倒黑白，什么赖账办法都用上了。

我们去催收的时候也经常碰见“贼喊捉贼”的情况，“老赖”会直接报警说黑社会来捣乱了，还说我们打他们，更有甚者假装主动请我们进家里谈事，而后又偷偷地打“110”，说催收人员私闯民宅，类似的事数不胜数。

目前我国社会信用和法制体系逐步完善，今后催收是个“脑力劳动”，需要更多的胆量、知识。胆量主要体现在催收过程中与“老赖”的博弈，哪些是要更进一步，哪些是需要缓一步，要考虑清楚，别盲目冲动。知识体现在对法律法规的阅读和理解，并且成功运用到实际的案例中，最终把钱要回来。我一直强调有本事的催收员是一个人，去一次就把钱要回来。没本事的是去一大帮社会小混混，看似像拍古惑仔，结果两败俱伤。

提示八

2022 年催收怎么做？教你三妙招

2022 年以来催收受到全社会的极大关注，特别是今年央视春晚的小品“还不还”，就说到了如何讨债，如何应付老赖的问题。这说明全社会都非常关注讨债、催收、怎么应付老赖、执行难等问题，所以春晚小品才会演绎这样一个现实中的热点现象。

今年两会期间李克强总理也再次提到了催收和清欠这个问题，

他要求加大拖欠中小企业账款的清欠力度，规范商业承兑汇票的使用，尤其是机关事业单位和国有企业要带头清欠，这是催收清欠在两会中再次被中央政府提到。

在新冠肺炎疫情肆虐的背景下，各行各业都受到一定的冲击。生意不好做，钱很难要，资金紧张，特别是2022年上海这一波的疫情，基本上百分之六七十的居民都要居家隔离，很多公司也要求居家办公。

这种情况下，今年的催收工作如何去做？我一直强调一点，对外应收账款能收回一点那都是踏踏实实的净利润，你现在赚100万元多难啊，挣100万元可能要做几百万甚至上千万元的销售额，可能要过几个月的时间才能把这个尾款收进来，才能挣到这个100万元。相对来说你去要回100万元的应收款，可能比你挣100万元来得容易，这就是踏踏实实的净利润。

因此这里我强调三点。一是该收的钱必须要收回，有一些企业还是不错的，没有受到新冠肺炎疫情的影响，你之前和他怎么合作该什么时候还就必须什么时候还，不要让他有拖延的机会。有一些企业他本来不受影响，也会借疫情拖一点时间，或者是借着疫情向你申请打折，这是绝对不行的，该收回的钱必须按时收回。

二是实在有困难的企业，受到新冠肺炎疫情影响的企业，你可以给他一定的宽限期，但是要分批陆续还，不能给太长时间。比如说饭店、电影、旅游行业，那你没有办法，你现在再怎么逼他，或者是给他压力很大，没有什么用，只能给他一点宽限期。让他陆续分批支付你的应收账款，但是也别一下就拖几个月，这样当中的变化会比较大，你很难去把控。比如说它欠你 100 万元，你说你现在困难，给你六个月的时间，这个拖的时间就太长了，你可以说每个月付个 10 万、20 万元，分批陆续还清。如果第一个月付了，第二个月不付，一旦有问题就可以立即采取措施，不要等到六个月以后，你再问他要 100 万元的时候，真的出现大问题以后，可能你就束手无策了，所以要分批慢慢去偿还你这个钱。

第三有的企业真的不行要倒闭了，那就快刀斩乱麻，能要回多少就要多少。就像去年的恒大，之前它的商票刚兑不出来的时候，有的人说七折，七五折，八折要它的商票，有的人看看情况不对，七五折就卖掉了，100 万元损失 25 万元，拿回 75 万元也很好。但有的人觉得它还撑得下去不愿打折兑现，现在这个商票拿出来谁还要？二三折都不一定会有人要。这个时候一定要面对现实，理性去判断这个企业，抱着即使吃亏一些，能要回一点是一点的心态，要永远记住一个原则，要回的钱才是净利润！